社会心理学基础

何　竞　王姝雯　黄鑫艺　主编

中国言实出版社

图书在版编目（CIP）数据

社会心理学基础 / 何竟，王姝雯，黄鑫艺主编.
北京 ： 中国言实出版社，2025. 1. -- ISBN 978-7-5171-5068-8

Ⅰ. C912.6-0

中国国家版本馆 CIP 数据核字第 2025KJ9965 号

社会心理学基础

责任编辑：李　岩　迟家宁
责任校对：薛　磊

出版发行：中国言实出版社
地　址：北京市朝阳区北苑路180号加利大厦5号楼105室
邮　编：100101
编辑部：北京市海淀区花园北路35号院9号楼302室
邮　编：100083
电　话：010-64924853（总编室）　010-64924716（发行部）
网　址：www.zgyscbs.cn　电子邮箱：zgyscbs@263.net

经　销：新华书店
印　刷：北京谊兴印刷有限公司
版　次：2025年1月第1版　2025年1月第1次印刷
规　格：787毫米×1092毫米　1/16　11.25印张
字　数：281千字

定　价：39.80元
书　号：ISBN 978-7-5171-5068-8

心理健康是健康的重要组成部分，关系着人们的幸福生活，影响着社会的和谐发展。随着经济社会的快速发展，人们的生活节奏明显加快，人们之间的交往日益频繁，人际关系也更加复杂，有些人可能因为自我意识不清晰、社会认知不明确、不能很好地处理人际关系等产生心理问题。

为了满足国家和社会对社会心理服务人才的需要，培养符合要求的高素质专业人才，编者在大量收集、分析最新资料的基础上，精心编写了本书。

具体而言，本书具有以下特色。

1 立德树人，德才兼备

本书落实立德树人根本任务，在每个项目首页设置了“素质目标”，明确提出素质要求，引导学生在学习社会心理学相关知识的同时，树立正确的世界观、人生观和价值观；在正文中设置了“以人为本”模块，通过介绍一些爱人、助人的经典案例和与心理健康相关的政策等，引导学生在学习和生活中培养人文精神、责任意识、担当意识；在介绍社会心理学相关知识时，有机融入了团结互助精神、奉献精神等，潜移默化地培育学生的道德品质，力求培养高素质、有理想、有担当的专业人才。

2 校企合作，职业引领

编者在编写本书时坚持“以就业为导向”，积极与社会心理学专家、社会心理学教师、心理健康工作者、社区社会工作者等交流，了解社会心理学的最新理论知识和具体应用情况，并将部分内容有机融入本书中，使本书的内容更贴近实际，从而帮助学生更好地理解社会心理学，运用理论知识指导现实生活。

3 全新理念，注重实践

本书坚持“以学生为中心”的理念，采用项目任务式结构编排，既有助于教师更好地推进教学工作，又有助于学生理解和掌握知识点。

具体来说，本书在每个任务开始设置了“任务导入”模块，以与知识点相关的案例为切入点，通过提问的方式引发学生思考，激发学生的学习兴趣；在讲解理论知识时，穿插了“小贴士”“知识窗”“课堂互动”“同步案例”等模块，增强本书的互动性、趣味性，拓宽学生的知识面；在每个任务后设置了“任务实施”模块，让学生通过案例分析、人物访谈、情景模拟等活动应用所学知识，提高分析与解决问题的能力。此外，本书还在每个项目后设置了“学习成果自测”和“学习成果评价”模块，可以帮助学生检验学习成果。

4 平台支撑，资源丰富

本书配有丰富的数字资源，读者既可以借助手机或其他移动设备扫描书中的二维码观看微课视频，也可以登录文旌综合教育平台“文旌课堂”查看和下载本书配套资源，如优质课件、教案、“学习成果自测”答案等。读者在阅读过程中有任何疑问，都可以登录该平台寻求帮助。

本书由韦红担任主审，何竟、王姝雯、黄鑫艺担任主编，叶新珠、宋立娜、曹赛楠、刘颖灵、潘永峰、朱小成担任副主编。

特别说明：

（1）编者在编写本书的过程中，参考了大量资料并引用了部分文章、图片等。大部分引用的资料已获授权，但由于部分资料来自网络，我们未能确认出处，也暂时无法联系到原作者。对此，我们深表歉意，并欢迎原作者随时与我们联系，我们将按规定支付稿酬。

（2）本书所选案例大部分来源于真实事件，但为了避免引起不必要的误会，我们对部分案例中的人名和企业名进行了模糊化处理。

（3）本书没有注明资料来源的案例均为编者自编或根据真实事件改编。

目录 CONTENTS

绪论 …… 1

一、社会心理学的定义 …… 1
二、社会心理学的研究对象 …… 2
三、社会心理学的研究方法 …… 3
四、社会心理学的相关理论 …… 4

项目一 社会化 …… 6

任务一 了解社会化 …… 7
任务导入 …… 7
一、社会化的定义 …… 8
二、社会化的特点 …… 8
三、社会化的内容 …… 9
四、社会化的条件 …… 10
五、社会化的意义 …… 11
任务实施 …… 11
任务二 熟悉社会化的主体 …… 12
任务导入 …… 12
一、家庭 …… 13
二、学校 …… 15
三、同龄群体 …… 16
四、大众传播媒介 …… 16
任务实施 …… 17
任务三 掌握社会化的过程 …… 17
任务导入 …… 17
一、早期社会化 …… 18
二、继续社会化 …… 19
三、再社会化 …… 21
任务实施 …… 22
学习成果自测 …… 23
学习成果评价 …… 25

项目二 自我意识 …… 26

任务一 了解自我意识 …… 27
任务导入 …… 27
一、自我意识的定义 …… 27
二、自我意识的构成 …… 27
三、自我意识的特点 …… 28
四、形成自我意识的三个阶段 …… 29
五、自我意识的作用 …… 29
任务实施 …… 30
任务二 熟悉自我意识的影响因素 …… 32
任务导入 …… 32
一、影响自我意识的个人因素 …… 32
二、影响自我意识的社会因素 …… 33
任务实施 …… 37
任务三 完善自我意识 …… 37
任务导入 …… 37
一、自我剖析 …… 38
二、自我肯定 …… 39
三、自我接纳 …… 40
四、自我期望 …… 40
五、自我发展 …… 40
任务实施 …… 42
学习成果自测 …… 44
学习成果评价 …… 45

项目三 社会角色 …… 46

任务一 了解社会角色 …… 47
任务导入 …… 47
一、社会角色的定义 …… 47
二、社会角色的特点 …… 48
三、社会角色的类型 …… 49
任务实施 …… 52
任务二 掌握社会角色的行为模式 …… 53
任务导入 …… 53
一、角色学习 …… 54
二、角色扮演 …… 55
三、角色转换 …… 56
四、角色冲突 …… 57
五、角色偏差 …… 60
任务实施 …… 60
学习成果自测 …… 61
学习成果评价 …… 63

项目四 社会认知 …… 64

任务一 了解社会认知 …… 65
任务导入 …… 65
一、社会认知的定义 …… 65
二、社会认知的特点 …… 66
三、社会认知的内容 …… 67
任务实施 …… 69

任务二　掌握社会认知的影响因素……69
任务导入……69
一、影响社会认知的主体因素……70
二、影响社会认知的客体因素……72
任务实施……74
任务三　掌握社会认知的基本过程……75
任务导入……75
一、产生社会知觉……75
二、形成社会印象……76
三、进行社会判断……78
任务实施……79
学习成果自测……80
学习成果评价……81

项目五　社会态度……82

任务一　了解社会态度……83
任务导入……83
一、社会态度的定义……83
二、社会态度的构成……83
三、社会态度的特点……84
任务实施……86
任务二　熟悉社会态度的形成与转变……86
任务导入……86
一、社会态度的形成……87
二、社会态度的转变……89
三、社会态度形成与转变的理论……91
任务实施……93
任务三　熟悉偏见……94
任务导入……94
一、偏见的定义……94
二、偏见的形成原因……95
三、偏见的影响……95
四、消除偏见的措施……96
任务实施……97
学习成果自测……98
学习成果评价……99

项目六　人际关系与人际沟通……100

任务一　了解人际关系……101
任务导入……101
一、人际关系的定义……101
二、人际关系的类型……101
三、人际关系的作用……103
四、改善人际关系的方法……104
任务实施……105
任务二　熟悉人际吸引与人际冲突……105
任务导入……105
一、人际吸引……106
二、人际冲突……108

任务实施 …………………………111
任务三　了解人际沟通 …………112
任务导入 …………………………112
一、人际沟通的定义 …………112
二、人际沟通的类型 …………114
三、人际沟通的作用 …………116
四、人际沟通的影响因素 …… 117
五、人际沟通的原则 ………… 118
任务实施 ………………………… 120
学习成果自测 …………………… 120
学习成果评价 …………………… 122

项目七　群体与群体互动 …………………………………………… 123

任务一　了解群体 ……………… 124
任务导入 ………………………… 124
一、群体的定义 ………………… 124
二、群体的结构要素 ………… 125
三、群体的类型 ………………… 127
四、群体的功能 ………………… 128
任务实施 ………………………… 129
任务二　熟悉群体互动 ………… 130
任务导入 ………………………… 130
一、合作 ………………………… 130
二、竞争 ………………………… 133
三、冲突 ………………………… 134
任务实施 ………………………… 135
学习成果自测 …………………… 135
学习成果评价 …………………… 137

项目八　社会影响 …………………………………………… 138

任务一　了解社会影响 ………… 139
任务导入 ………………………… 139
一、社会影响的定义 ………… 139
二、社会影响的表现 ………… 140
三、社会影响的类型 ………… 143
任务实施 ………………………… 143
任务二　熟悉社会影响的方式 …· 144
任务导入 ………………………… 144
一、从众 ………………………… 144
二、依从 ………………………… 146
三、顺从 ………………………… 148
四、暗示 ………………………… 149
任务实施 ………………………… 151
学习成果自测 …………………… 151
学习成果评价 …………………… 153

项目九 社会心理学的应用 ······ 154

任务一 熟悉社会心理学在维护心理健康中的应用 ······ 155

任务导入 ······ 155

一、缓解心理压力 ······ 155

二、排解消极情绪 ······ 159

三、促进社会融入 ······ 160

任务实施 ······ 161

任务二 熟悉社会心理学在社区社会工作中的应用 ······ 161

任务导入 ······ 161

一、在老年人社区社会工作中的应用 ······ 162

二、在儿童、青少年社区社会工作中的应用 ······ 164

三、在其他群体社区社会工作中的应用 ······ 166

任务实施 ······ 166

学习成果自测 ······ 167

学习成果评价 ······ 169

参考文献 ······ 170

绪　论

一、社会心理学的定义

社会心理学是指研究个体或群体在特定社会情境中的心理和行为的学科。具体而言，社会心理学具有以下内涵：

（1）社会心理学研究个体或群体的心理和行为，关注个体或群体的心理和行为的产生和变化情况。

（2）社会心理学的研究是在特定社会情境中开展的，特定社会情境即特定社会环境，包括与个体或群体相关的所有政治、经济、文化环境。

（3）社会心理学是一门学科，是心理学的一个分支。

通过学习社会心理学，人们可以更好地认识自我、他人、社会，同时可以运用社会心理学的知识解决在社会生活中遇到的问题。

社会心理学与心理学、社会学的联系与区别

1．社会心理学与心理学的联系与区别

社会心理学与心理学的联系主要为社会心理学是心理学的分支，它和心理学的关系是部分与整体的关系。

社会心理学与心理学的区别主要有以下两个：① 社会心理学既研究个体在社会交往中产生的心理现象，也研究群体的共同心理现象及其对个体心理的影响；心理学主要研究个体心理活动的基本形式、过程和变化。② 社会心理学侧重于研究心理活动如何受人际关系及群体等的影响，以及心理活动对社会生活的反作用；心理学主要研究心理活动与生理活动的关系。

2．社会心理学与社会学的联系与区别

社会心理学与社会学的联系主要为两者研究的都是社会现象。

社会心理学与社会学的区别主要有以下两个：① 社会心理学研究的是个体或群体在社会交往中产生某些行为的心理现象等，这只是社会生活中的部分事实；社会学研究的是社会生活中的全部客观事实。② 社会心理学侧重于研究微观方面的现象，社会学侧重于研究宏观社会及大群体的现象。

二、社会心理学的研究对象

社会心理学的研究范围十分广泛，研究对象多样，以下从个体心理、人际心理和群体心理三个方面介绍社会心理学的研究对象。

（一）个体心理方面

在个体心理方面，社会心理学研究个体的心理变化，以及个体对自我、对社会的认识及其变化等，主要包括社会化、自我意识、社会角色、社会认知和社会态度等。

（二）人际心理方面

在人际心理方面，社会心理学研究个体在社会互动中的心理特征和行为变化，主要包括人际关系与人际沟通等。

社会互动

社会互动是指个体与个体之间、个体与群体之间、群体与群体之间在心理或行为上相互影响的过程。社会互动一般具有以下几个特点：

（1）以信息传播为基础。

（2）总是在特定的情境下进行，同一互动行为在不同的时间、不同的场合具有不同的意义。

（3）可以是面对面的，也可以在非面对面的场合下产生。

（4）会对互动双方及双方之间的关系产生一定的影响，也有可能对社会环境产生一定的影响。

（5）遵循一定的行为模式。

（三）群体心理方面

在群体心理方面，社会心理学研究由个体集合而成的群体，主要包括群体与群体互动、社会影响等。

课堂互动

请简要分析社会心理学各研究对象之间的关系。

三、社会心理学的研究方法

社会心理学的研究方法多种多样，主要包括观察法、调查法、实验法和档案研究法等。

（一）观察法

观察法是指对被观察者的行为表现进行有目的、有计划的观察和记录，并经过分析获得被观察者心理活动产生和变化规律的研究方法。观察法包括两种形式：一种是参与观察，即观察者成为被观察者中的一员，参与被观察者的活动，例如，某观察者通过与大学生一起上课，观察并记录大学生在遇到疑难问题时的行为表现；另一种是非参与观察，即观察者在旁边观察而不参与被观察者的活动。

需要注意的是，采用观察法时，观察者不能让被观察者发觉其正在被他人观察，以免被观察者受到影响而导致观察结果失真。

（二）调查法

调查法是指调查者通过口头提问或书面提问的方式，有计划地收集有关被调查者的心理活动的资料，以分析和推测其心理活动变化规律的研究方法，这种方法的优点是简单易行，能够快速获取大量资料，但在调查中，不易排除主客观方面的某些干扰因素。在实际应用中，该方法经常与观察法、实验法等配合使用。

（三）实验法

实验法是指按照一定的程序，灵活地控制实验对象，并通过观察、测量等方式得出结论的研究方法。实验法主要可分为实验室实验法和自然实验法。

（1）实验室实验法，是指在特定的实验室条件下进行实验的方法。其优点是可对环境和相关变量进行控制，最大限度地突出重要变量，防止无关变量的干扰；缺点是实验对象如果知道自己正在被研究，可能会做出一些不自然的行为，从而使研究结果产生偏差。

（2）自然实验法，是指在自然条件下进行实验的方法。其优点是不能对环境和相关变量进行人为控制，实验者只是利用一定的条件，使实验对象自然地开展活动，因此研究结果较为真实；缺点是研究工作需要花费较长时间。

（四）档案研究法

档案研究法是指通过收集某个人或某个群体的心理活动档案资料，并对其进行分析和研究，最终得出结论的研究方法。档案资料包括调查报告、事件记录、统计资料、历史文献等。

四、社会心理学的相关理论

（一）精神分析理论

精神分析理论又称心理分析理论、心理动力学理论，由奥地利心理学家、精神病医师弗洛伊德提出，以非理性的反意识的心理因素解释个性的发展并得出结论，然后用以解释社会心理现象。该理论主要有以下观点：

（1）所有未意识到却激发大多数言语、情感和行为的驱力、冲动或本能，具有原始性、冲动性、活跃性、非理性、非时间性、非道德性和非语言性。而意识居于比较次要的位置，可以被定义为在任何时候都被知觉到的心理要素。

（2）个性包括本我、自我和超我。其中，本我代表无意识，由性本能组成，按快乐原则活动；自我代表理性，受外界影响，满足本能要求，按现实原则活动；超我代表社会道德准则，压抑本能冲动，按至善原则活动。这三者的关系，决定了个体的行为。

快乐原则是指本我活动遵循的力求快乐、避免痛苦的原则。

现实原则是指自我活动遵循的力求快乐但受现实制约的原则。

至善原则是指超我活动遵循的惩恶扬善的原则。

（二）社会学习理论

社会学习理论是解释人的社会行为习得与形成的理论，由美国心理学家多拉德、班杜拉等提出和完善。该理论认为，人的社会行为主要通过对榜样的观察和模仿而习得与形成。

（三）社会交换理论

社会交换理论是依据参与者在社会交往中获得收益和付出代价的情况来解释人际交往和关系的理论，由美国社会学家霍曼斯提出。该理论的基本假设是，在社会交往中，人们总是寻求收益大于付出的社会关系，而避免付出大于收益的社会关系。

（四）符号互动理论

符号互动理论是从人们相互作用中研究人类群体生活的理论，由美国社会学家布鲁默提

出。该理论认为，符号即一定程度上具有象征意义的事物，而社会是人际符号互动引起的一种现象，代表着人际互动的组织和构成。

该理论的基本假设如下：

（1）个体对事物所采取的行动是以这些事物对个体的意义为基础的。

（2）这些事物的意义来源于个体与其同伴的互动，而不存在于这些事物之中。

（3）在面对所遇到的事物时，个体会自己去解释和修改这些事物的意义。

项目一 社会化

项目引言

个人要想融入社会，并适应社会发展，就必须进行社会化。通过社会化，个人不仅能够学习基本的生活和生存技能，还能够培养独立自主的人格，形成一定的价值观、思维方式和情感态度等，从而成为符合社会要求的人。

知识目标

- 了解社会化的定义与特点。
- 了解社会化的内容、条件与意义。
- 熟悉社会化的主体。
- 掌握社会化的过程。

素质目标

- 积极进行社会化，培养使命感和道德感。
- 热爱生活，积极向上，主动进行社会化。

任务一　了解社会化

任务导入

“95后”人大代表的成长之路

邹彬曾获得第43届世界技能大赛砌筑项目优胜奖，以及“全国劳动模范”“全国技术能手”“全国优秀农民工”等荣誉称号。2021年3月8日下午，在第十三届全国人民代表大会四次会议第二场“代表通道”采访活动中，全国人大代表邹彬分享了自己的成长故事，并为农民工群体发声。

“用十足的韧性接受挑战，用十足的耐心追求极致”

“第一次到建筑工地学砌墙时，工友们都笑话我。因为当时在工地上砌墙，砌得越多，工钱也就越多，但我只要觉得墙砌得不美观就推倒重砌。”邹彬说。那时，邹彬初步认识工匠精神，认为干活就“一定要坚持自己的标准”。

邹彬介绍，2014年，他参加了在北京举办的第43届世界技能大赛砌筑项目全国选拔赛，获得了冠军，并成功进入国家集训队。在集训中，他对自己的实操技能非常有信心，但理论知识不足，因此他有些担心。为了弥补自己的不足，他不断地学习，对各方面严格要求、精益求精。他表示，当时他只有一个想法——坚持下去，为国出征，吃再多苦也不怕。凭着不服输、不放弃的拼劲，邹彬最终在第43届世界技能大赛中获得优胜奖。他表示，那时，他对工匠精神有了新的认识——“用十足的韧性接受挑战，用十足的耐心追求极致”。

“站在采访台上，我感到十分激动、紧张且期待”

“站在采访台上，我感到十分激动、紧张且期待。”邹彬说，“我从山区走出来，从未想过自己可以走上‘代表通道’，向全国甚至是全世界人民展现新型建筑产业工人的风采。”他表示，在得知要参加这次活动时，他非常紧张，感到很有压力，但一想到要为农民工群体发声，责任重大，就不断鼓励自己一定要表现好。

“作为一名‘95后’，我也很期待用自身的经历来告诉广大农民工友，尤其是青年工友们——这是一个行行都能出彩的新时代，也有着许多让技能人才展示和提升自己的大舞台。希望广大工友们更有信心和动力，去创造更加美好的未来，为实现中国梦贡献自己的一份力量。”邹彬说。他还表示，自己将继续发扬工匠精神和劳模精神，努力提高技能水平，更好地为湖南等地的农民工群体提供技能培训，“让老百姓住上更好的新房子，为满足人民对美好生活的向往贡献自己的青春力量”。

（资料来源：刘笑雪、周轶恒，《邹彬鼓励广大工友：“坚持干一行、爱一行，成长为大国工匠”》，湖南省人民政府官网，2021年3月9日）

思考：

（1）什么是社会化？社会化的特点有哪些？

（2）社会化的内容有哪些？上述案例体现了社会化的哪些内容？

一、社会化的定义

社会化是指个人通过社会互动，逐渐形成独特的人格，从自然人发展成社会人的过程。社会化是一个贯穿人生始终的长期过程，具有以下内涵：

（1）在社会化过程中，个人会不断学习知识、技能，熟悉各种社会规范，扮演不同的社会角色。

（2）个人会逐步具备符合社会期待的条件，并自觉以社会规范来指导、约束自己的行为。

（3）社会化使得社会文化得以延续和发展。

二、社会化的特点

社会化具有独特性、普遍性、主观能动性和持续性等特点。

（一）独特性

由于受到遗传因素、家庭环境、教育背景等的影响，每个人社会化的过程和具体内容都是不同的，社会化的结果也具有独特性。例如，在中医世家接受社会化的人，一般会掌握一定的中医知识。

此外，在不同的年龄段，个人的社会化也具有独特性。例如，在青少年时期，个人的社会化内容主要为发展个性、提高认识水平等；在中年时期，个人的社会化内容主要为进一步增强心理承受能力、扮演好不同的社会角色等。

（二）普遍性

人们生活在一定的社会环境中，为了适应社会环境，需要学习社会的价值观、规范和行为模式等。此外，个人从接受家庭教育、学校教育到从事社会工作，在每个阶段都在不断地进行社会化。

（三）主观能动性

在生活中，个人往往会对外界信息进行识别与评价，从而有选择、有条件、主动地接受社会影响，进行社会化。

（四）持续性

由于科学技术、社会经济、社会文化、社会价值观等处于不断变化的过程中，因此个人的社会化不是一次完成的，而是一个持续的过程。随着社会的发展，个人必须不断调整自己的认知、行为，以适应不断变化的社会环境。

课堂互动

请结合示例和所学知识，将下列句子补充完整，并在课堂上分享。

示例：在成长过程中，我跟随从事戏曲表演工作的爷爷学习了戏曲。我非常了解中国传统戏曲，立志为发扬中国传统戏曲文化而不懈努力。这体现了社会化的独特性。

（1）在成长过程中，我____。这体现了社会化的普遍性。

（2）在成长过程中，我____。这体现了社会化的主观能动性。

（3）在成长过程中，我____。这体现了社会化的持续性。

三、社会化的内容

社会化的内容十分丰富，主要包括发展个性、形成自我认知、形成和完善价值观与道德观、培养社会适应能力、学习社会规范、成为合格的社会角色等。

（一）发展个性

个性是指人的性格、气质、能力等特征的总和。发展个性是个人进行社会化的重要任务，也是个人获得心理发展、形成自我意识的基础。在社会化过程中，由于不断受到外界环境的影响，个人会逐渐形成特定的性格、气质、能力等。

（二）形成自我认知

认知是指人认识客观事物、获得知识的活动，包括感觉、记忆、语言、思维和想象等过程。个人的认知活动是个人通过对外界信息进行积极加工来获取知识的过程。个人在社会化过程中，通过与他人互动，逐渐认识到自己的特点和社会角色，从而形成自我认知。

（三）形成和完善价值观与道德观

价值观是指人对真、善、美价值的认识和追求，集中体现了人的社会理想和人生理想。道德观是指支配人进行道德判断、道德评价和道德活动的观念，如善恶观、义务观、荣辱观等，对人的道德和行为起指导作用。

在社会活动中，个人需要不断地获得认识、更新认识，以形成和完善自己的价值观与道德观，指导自己的决策和行为。

（四）培养社会适应能力

培养社会适应能力是个人进行社会化的重要内容之一，主要包括以下内容：

社会适应能力自测自评量表

（1）在社会生活中，个人需要培养社会交往技能，与他人建立良好的人际关系，同时还需要学会如何与他人有效沟通、合作和竞争等。

（2）面对社会的各种变化和挑战，个人需要学会如何适应新环境、应对压力、解决问题等。

（五）学习社会规范

社会规范是指某一社会群体共同遵守的行为规则的总和。社会规范是在人们调整各种社会关系、维护社会秩序的基础上形成的，是人们长期摸索、实践的结果，时时刻刻指导和规范着人们的行为。个人只有学习并内化社会规范，才能更好地融入社会。

课堂互动

从你入学以来，学校的规章制度对你的学习和生活有哪些影响？请举例说明。

（六）成为合格的社会角色

社会是由一系列相关的社会角色构成的，个人若要参与具体的社会生活，就要扮演一定的社会角色。个人社会化的最终结果就是成为合格的社会角色。

四、社会化的条件

社会化是人类所特有的，只有人类才具有完成社会化的生理条件和社会条件。

（一）生理条件

人类特有的生理条件主要是人的大脑。与其他动物的大脑相比，人的大脑具有最高级的神经系统，不仅能使人体各器官协调活动，还能使人产生各种认知能力。正因如此，人类才具有完成社会化的生理基础。

此外，为了满足生产和生活的需要，人类产生了语言、思维与学习能力等。其中，语言是人类表达思想的手段，也是人类社会最基本的信息载体，它随着社会的产生而产生，随着社会的发展而发展。思维是人的大脑对客观事物能动的、间接的和概括性的反映，是人类进行理性认识的基础。学习能力是人类适应环境变化的体现，人类不仅可以学习知识、积累知识，而且可以创造新的文化。在一定社会条件下，随着学习能力的提高，人类在掌握知识的同时，也在不断增强自身的社会性。

（二）社会条件

复杂的社会环境影响着个人社会化的过程和结果。社会在发展的过程中，逐渐形成了一定的政治、经济、文化环境，为个人进行社会化提供了条件。

五、社会化的意义

（一）对个人的意义

社会化对个人的心理发展具有重要意义，具体如下：

（1）在社会化过程中，个人能够认识自己的优点和不足之处，进而进行自我调整和改进。

（2）在社会化过程中，个人会与他人建立一定的情感联系，这种情感联系可以为个人提供情感支持。当个人面对困难和挑战时，这种情感支持有助于个人更好地应对压力，缓解焦虑和抑郁等消极情绪。

（3）通过学习和接受社会的规范和价值观，个人能够逐渐培养批判思维、创新思维和问题解决能力等。这些思维和能力有助于个人更好地适应不断变化的社会环境。

（4）健康、积极的社会化过程有助于个人形成健全的人格特质（如乐观、自信、坚韧等），保持心理健康。

（二）对社会的意义

社会化对社会的发展进步具有重要意义，具体如下：

（1）社会化使个人学会遵守社会规范，有利于维护社会秩序的稳定，确保社会的正常运行和有序发展。

（2）在社会化过程中，个人会不断接触并吸收社会传统文化，增强对传统文化的认同感，有助于保护和传承传统文化。

（3）通过社会化，个人能够学会尊重他人，培养公平与正义的意识，有助于构建公平正义的社会环境，推动社会公平正义制度的完善，实现社会公平正义。

（4）通过社会化，个人与其他社会成员能够建立起良好的互动关系，有利于增强社会的凝聚力。

任务实施

分析关于社会化的案例

【任务背景】

小明是一名大学生，刚进入大学时，小明感到孤独和迷茫。他不擅长与人交流，没有交到新朋友，也不清楚自己除了学习还要做什么。一次偶然的机会改变了他的状况。在一次班级聚会上，小明和一名热情开朗的同学坐在一起，他们聊得很投机。这名同学邀请小明一起参加学校组织的某项活动，小明稍作迟疑后便接受了邀请。

通过参加该活动，小明结识了许多新朋友。之后，他们一起参加体育比赛、志愿活动等。在与新朋友的交流中，小明学会了如何更好地与人相处，如何明确表达自己的想法和需求，并通过与新朋友相互支持、相互鼓励、相互帮助，明白了团队合作的重要性。渐渐地，小明发现大学生活充满了乐趣。

在大学四年里，通过多方面的发展，小明不仅学习了专业知识，还增强了团队合作意识；虽然经历了许多困难和挑战，但拓展了社交圈，收获了友谊，变得更加成熟、自信。

【实施要求】

（1）分析上述案例，并回答以下问题：

① 案例体现了社会化的哪些特点？

② 案例包含了社会化的哪些内容？

③ 案例中，小明社会化的条件有哪些？

④ 案例中，小明社会化的意义有哪些？

（2）整理上述问题的答案。

（3）教师随机挑选几名学生进行课堂分享，并对他们任务实施的成果进行点评。

任务二　熟悉社会化的主体

任务导入

全面加强和改进新时代学生心理健康工作

2023 年 4 月 20 日，教育部等十七部门印发《全面加强和改进新时代学生心理健康工作专项行动计划（2023—2025 年）》（教体艺〔2023〕1 号）。该文件指出，要坚持健康第一的教育理念，切实把心理健康工作摆在更加突出的位置，统筹政策与制度、学科与人才、技术与环境，贯通大中小学各学段，贯穿学校、家庭、社会各方面，培育学生热爱生活、珍视生命、自尊自信、理性平和、乐观向上的心理品质和不懈奋斗、荣辱不惊、百折不挠的意志品质，促进学生思想道德素质、科学文化素质和身心健康素质协调发展，培养担当民族复兴大任的时代新人。

该文件提出了以下基本原则：

（1）坚持全面发展。完善全面培养的教育体系，推进教育评价改革，坚持学习知识与提高全面素质相统一，培养德智体美劳全面发展的社会主义建设者和接班人。

（2）坚持健康第一。把健康作为学生全面发展的前提和基础，遵循学生成长成才规律，把解决学生心理问题与解决学生成才发展的实际问题相结合，把心理健康工作质量作为衡量教育发展水平、办学治校能力和人才培养质量的重要指标，促进学生身心健康。

（3）坚持提升能力。统筹教师、教材、课程、学科、专业等建设，加强学生心理健康工作体系建设，全方位强化学生心理健康教育，健全心理问题预防和监测机制，主动干预，增强学生心理健康工作科学性、针对性和有效性。

（4）坚持系统治理。健全多部门联动和学校、家庭、社会协同育人机制，聚焦影响学生心理健康的核心要素、关键领域和重点环节，补短板、强弱项，系统强化学生心理健康工作。

（资料来源：《全面加强和改进新时代学生心理健康工作专项行动计划（2023—2025年）》，教育部官网，2023年5月11日）

思考：

（1）社会化的主体有哪些？上述材料提到了哪些社会化主体？

（2）家庭、学校对个人的社会化体现在哪些方面？

在个人的社会化过程中，承担社会化任务和发挥社会化功能的主体主要包括家庭、学校、同龄群体和大众传播媒介等。

一、家庭

家庭是由婚姻、血缘或收养而产生的亲属间的共同生活组织，是人们来到这个世界后进入的第一个社会群体。家庭对人的社会化体现在人一生中的每一个阶段，内容包括帮助认识世界、培养社会适应能力、提供心理慰藉等。

家庭对孩子的社会化是潜移默化的，主要体现在以下两个方面。

（一）家庭教育方式

家庭教育方式是指为了帮助孩子培养良好的品德、正确的价值观、健康的心理素质等，父母或其他监护人在教育孩子的过程中所采用的方法和策略等。家庭教育方式对孩子的成长起着重要的作用。采用科学、合理的家庭教育方式能更好地引导孩子树立自信心、增强应对困难的勇气、保持心理健康等。

课堂互动

在你遇到困难和挫折时，你的家长是如何帮助你的？在你做错事情时，你的家长是如何教育你的？请举例说明。

（二）家庭气氛和生活方式

家庭气氛对孩子的人生观、价值观等有重要的影响，家庭的生活方式对孩子的自理能力、生活习惯、生活态度等有重要的影响。一般而言，在气氛和谐、生活方式健康的家庭中接受社会化的孩子，更善于处理人际关系、控制情绪、表达情感等；而在气氛压抑、生活方式不健康的家庭中接受社会化的孩子，更容易产生自我认知不明确、缺乏信心、难以与他人建立良好人际关系等问题。

《中华人民共和国家庭教育促进法》中有关家庭教育的规定

为了发扬中华民族重视家庭教育的优良传统，引导全社会注重家庭、家教、家风，增进家庭幸福与社会和谐，培养德智体美劳全面发展的社会主义建设者和接班人，我国制定了《中华人民共和国家庭教育促进法》（以下简称《家庭教育促进法》）。根据《家庭教育促进法》第三条的规定，家庭教育以立德树人为根本任务，培育和践行社会主义核心价值观，弘扬中华民族优秀传统文化、革命文化、社会主义先进文化，促进未成年人健康成长。

根据《家庭教育促进法》第十六条的规定，未成年人的父母或者其他监护人应当针对不同年龄段未成年人的身心发展特点，以下列内容为指引，开展家庭教育：

（1）教育未成年人爱党、爱国、爱人民、爱集体、爱社会主义，树立维护国家统一的观念，铸牢中华民族共同体意识，培养家国情怀；

（2）教育未成年人崇德向善、尊老爱幼、热爱家庭、勤俭节约、团结互助、诚信友爱、遵纪守法，培养其良好社会公德、家庭美德、个人品德意识和法治意识；

（3）帮助未成年人树立正确的成才观，引导其培养广泛兴趣爱好、健康审美追求和良好学习习惯，增强科学探索精神、创新意识和能力；

（4）保证未成年人营养均衡、科学运动、睡眠充足、身心愉悦，引导其养成良好生活习惯和行为习惯，促进其身心健康发展；

（5）关注未成年人心理健康，教导其珍爱生命，对其进行交通出行、健康上网和防欺凌、防溺水、防诈骗、防拐卖、防性侵等方面的安全知识教育，帮助其掌握安全知识和技能，增强其自我保护的意识和能力；

（6）帮助未成年人树立正确的劳动观念，参加力所能及的劳动，提高生活自理能力和独立生活能力，养成吃苦耐劳的优秀品格和热爱劳动的良好习惯。

根据《家庭教育促进法》第十七条的规定，未成年人的父母或者其他监护人实施家庭教育，应当关注未成年人的生理、心理、智力发展状况，尊重其参与相关家庭事务和发表意见的权利，合理运用以下方式方法：

（1）亲自养育，加强亲子陪伴；
（2）共同参与，发挥父母双方的作用；
（3）相机而教，寓教于日常生活之中；
（4）潜移默化，言传与身教相结合；
（5）严慈相济，关心爱护与严格要求并重；
（6）尊重差异，根据年龄和个性特点进行科学引导；
（7）平等交流，予以尊重、理解和鼓励；
（8）相互促进，父母与子女共同成长；
（9）其他有益于未成年人全面发展、健康成长的方式方法。

二、学校

学校对学生的社会化与家庭对孩子的社会化有所不同。家庭是以亲情为基础的小型社会群体，对孩子的社会化以感情为基础；学校是有组织的、正式的、规模较大的社会群体，对学生的社会化是强制性的、有计划的。

在学校中，学生需要学习和遵守学校的行为准则，学会处理与同学之间的关系，接受教师的教导，与学校的服务人员、管理人员打交道等。在这些活动中，学生能够逐渐规范自己的行为，形成自己的价值观和情感态度，培养合作意识和独立意识，提高抗挫折能力和抗压能力，等等。

护航青春，关爱青少年心理健康

近年来，青少年心理健康教育越来越受到国家和社会的重视。郑州大学积极探索，主动创新帮扶工作机制，充分发挥学校优势教育资源，关注河南省三门峡市卢氏县青少年学生心理健康教育，并立足当下，着眼未来，与卢氏县委县政府一起探索健全“四位一体”的学生心理健康工作体系，为形成和完善学校、家庭、社会和相关部门协同联动的工作格局、全面加强和改进新时代青少年学生心理健康工作而不懈努力。郑州大学具体做了以下工作：

（1）建立紧密合作长效机制。在技术支持、人才培养、心理健康服务等方面展开全方位合作，搭建起郑州大学和卢氏县紧密而稳定的合作关系；

（2）强化帮扶基地及队伍建设。依托省级优质心理健康教育资源，在帮扶地建设心理健康教育帮扶中心或基地。以基地为牵引，以心理健康教育工作队伍建设为纽带，建设专业化心理健康服务团队队伍，全面提升县域心理健康服务能力和水平；

（3）提升心理健康服务能力。在紧密合作机制基础上，建立定期教育培训机制及远程协助关系，有效提升县域心理健康服务能力及应急处置能力，完善县域心理健康教育体系，开展县域初高中学生心理健康筛查，建立青少年心理健康档案，切实推进和落实县域青少年心理关爱行动，加强重点人群心理疏导，强化青少年心理行为问题和精神障碍预防干预，真正为县域青少年健康成长护航助力。

（资料来源：许怡，《郑州大学：护航青春，关爱青少年心理健康》，教育部官网，2023 年 12 月 12 日）

三、同龄群体

同龄群体是指由一群年龄、兴趣爱好、价值观、社会地位等比较接近的人组成的群体。同龄群体在个人成长的过程中，扮演着极其重要的角色，会对个人的成长和发展产生较大的影响，具体如下：

（1）在同龄群体中，个人通过与同龄人互动，逐渐理解并遵守社会规则、形成价值观和行为方式。这种互动不仅有助于个人形成自我认知，还有助于个人提升社会适应能力。

（2）在同龄群体中，个人可以自由地表达自己的思想、情感和需求，并得到同龄人的理解和支持。在此过程中，个人可以树立自信心、自尊心，增强归属感、自我认同感等。同时，同龄群体中的冲突和竞争也能够激发个人的进取心和创新精神，促进个人不断地成长和发展。

需要注意的是，同龄群体对个人社会化的影响并非全部都是积极的。一些不良的同龄群体可能会导致其成员形成负面的价值观和不良的行为方式，甚至可能引发欺凌、犯罪等社会问题。家长、教育工作者和其他相关人员需要密切关注青少年的同龄群体，引导他们正确选择和融入有益的同龄群体。

四、大众传播媒介

大众传播媒介是指以社会公众为对象而进行信息传播的工具，包括广播、电视、报纸、杂志和网络媒体等。在现代社会中，大众传播媒介对人的社会化的影响越来越显著。一方面，各种信息通过大众传播媒介可以在极短的时间内广泛传播，为人们提供大量的机会；另一方面，作为一种集文化与娱乐功能为一体的工具，大众传播媒介吸引着人们的注意力，在一定程度上影响人们的思想认识和行为方式。个人正确使用大众传播媒介，从中汲取有益的内容，充分发挥大众传播媒介的优势，有利于促进自身的社会化。

正能量动画片助力儿童健康成长

课堂互动

在成长过程中，你接触的大众传播媒介主要有哪些？哪些大众传播媒介对你的成长影响较大？

任务实施

分享成长故事

【任务背景】

在不同的成长阶段，个人受到社会化主体影响的程度不同。在成长过程中，各种社会化主体对你的影响分别有哪些？哪些社会化主体对你的影响最大？这些社会化主体是如何影响你的？

【实施要求】

（1）学生自由分组，每组5～6人，并选出一名小组长。

（2）各小组的成员轮流分享自己的成长故事，说明不同社会化主体对自身的影响。

（3）各小组将成员的分享过程拍摄成视频，并进行简单加工。

（4）小组长进行课堂分享，教师进行点评。

任务三　掌握社会化的过程

任务导入

范某的成长之路

几十年来，范某一直在警界摸爬滚打，曾担任过派出所所长。2024年年初，他接到调任某交警大队大队长的通知，非常忐忑，也倍感压力。毕竟，从熟悉的业务领域换到全新的业务领域，不仅需要健全的法律知识、大量的实践经验，还需要较强的心理承受能力和抗压能力。

范某上任后，不断地进行自我鼓励，坚信自己能做好道路交通管理工作。他从小事做起，一点点地熟悉工作内容；与团队成员交流，了解每一名成员的情况，在工作中增强团队凝聚力；与违反道路交通安全法律法规的出行者交流，用情、用理、用法教育他们；等等。在攻克了一个个难题后，他对工作内容越来越熟悉，在工作中也越来越自信。

范某表示，作为交警大队的掌舵人，他必须认清新时代交通警察的职责，成长为政治上靠得住、大局上把得住、工作上拿得出、作风上过得硬、党和群众信得过的“领头雁、排头兵”。

思考：

（1）社会化的过程有哪些？

（2）上述案例中，范某的经历体现了社会化的哪些过程？

个人社会化的过程主要可分为早期社会化和继续社会化，有的人出于某些原因，可能还会经历再社会化。

一、早期社会化

早期社会化也称初级社会化，是指个人从出生到第一次获得正式职业这一阶段的社会化。在此阶段，个人需要学习基本的生活知识和技能，掌握基本的社会规范，了解基本的社会关系，并在实际生活中比较成功地扮演最基本的社会角色和从事最基本的社会活动。早期社会化可分为儿童时期的社会化和青少年时期的社会化。

（一）儿童时期的社会化

在儿童时期，个人通过接受教育、训练等，获得语言和运动能力，掌握基本的生活技能，形成思维方式、自我观念，并扮演社会角色等。儿童时期一般分为婴儿时期、幼儿时期和童年时期。

在婴儿时期，个人的社会化主要由家庭承担，如由家长传授孩子基本的生活技能、教孩子分辨客观存在的事物（见图 1-1）、引导孩子遵守社会规范等。在此时期，个人不仅逐渐理解语言，而且开始积极进行语言活动。此外，随着语言水平和运动能力的提高，个人开始产生独立性，并开始进行简单的自我评价。

图 1-1　教孩子分辨客观存在的事物

到了幼儿时期，个人的活动范围扩大，除家庭成员外，个人还会接触同龄群体，逐渐学会尊重他人、与他人合作等，开始形成最初的人格倾向。这一时期的社会化有助于培养个人的独立性和自信心。

进入童年时期，个人开始从主要接受家庭社会化转向主要接受学校社会化。在家庭、学校和社会的引导下，个人不断丰富阅历、发展情感、提高社交能力，塑造个性与品格等。

（二）青少年时期的社会化

青少年时期的社会化能够帮助个人形成较稳定的价值观，习得适应社会生活的知识和技能，以及进行初步职业定向。在此时期，个人一般较关注自己的外貌特征，关心自己的人格特征和情绪特征。青少年时期一般分为少年时期和青年时期，个人在这两个时期的社会化有所不同。

在少年时期，个人的思维能力、逻辑判断能力和记忆能力等明显提升。在这一时期，个人开始思考自己的行为是否符合社会规范和伦理道德，逐渐形成自己的价值观和道德观。同时，在与他人的交往中，个人逐渐掌握交往技巧、沟通技巧，增强解决冲突的能力等，从而与他人建立良好的人际关系。

在青年时期，个人的生理和心理已经成熟，个人通过进行人际交往、接受文化熏陶、进行社会实践等方式，进一步掌握生产生活技能、文化知识、社会规范等。在这一时期，个人经历着身份转变和寻找自我的过程，逐步确立人生观和价值观。

二、继续社会化

继续社会化也称续社会化，是指个人在完成早期社会化之后继续进行的社会化。个人在完成了早期社会化之后，基本掌握了作为社会成员应该具备的知识、技能和心理条件。但是，随着社会的发展和自身年龄的增长，个人需要进行继续社会化，以适应社会环境、社会生活和个人生理、心理等方面的变化。继续社会化可分为中年时期的社会化和老年时期的社会化。

（一）中年时期的社会化

在中年时期，个人的社会化主要包括以下几个方面：

（1）不断学习，更新自己的知识和观念，以适应社会发展的需要。

（2）增强责任感和义务感，以胜任不同的社会角色。

（3）学会控制自己的情绪，及时排解抑郁、焦虑等消极情绪，保持心理健康。

（4）建立并处理好各种社会关系。

（二）老年时期的社会化

老年时期是人生的最后一个社会化时期。进入老年时期后，个人的视觉、听觉、体力与精力等会出现不同程度的衰退。在面对社会角色和社会地位变化的问题时，个人可能会出现消极心理。因此，在这一时期，个人的社会化主要包括以下两个方面：

（1）及时调节消极心理，以积极的心态迎接新的社会角色。

（2）主动适应新的环境，继续学习和接受新知识、新观念，积极参与有益于身心健康的活动，如上老年大学、进行晨练（见图 1-2）等。

图 1-2　进行晨练

离退休人员心理变化的原因及应对

1. 离退休人员心理变化的原因

离退休人员出现心理变化的原因一般有以下几个：

（1）离开熟悉的工作环境。离开了熟悉的工作环境，减少了与同事的交流，离退休人员可能会因此感到不舍，从而产生失落感和孤独感。

（2）缺少子女陪伴。离退休人员一般希望有子女陪伴在身边，但子女们可能有各自的工作和生活。当子女们未能如期探望时，离退休人员通常会产生孤独感和空虚感。

（3）个人收入减少。部分离退休人员的养老金或退休金比之前的工资收入少很多，这可能导致他们在经济方面产生自卑感。

（4）社会地位改变。有些离退休人员曾在工作领域身居要职，离退休后突然失去了往日的影响力，内心难免产生迷茫感和失落感。

（5）缺乏社会交往。有些离退休人员在离退休后尚未构建起新的社交网络，常常面临缺乏交流与陪伴的困境，因此会产生孤独感。

（6）无法适应快节奏的社会生活。由于衰老，离退休人员接受新事物、适应新环境的能力降低。在快节奏的现代社会中，部分离退休人员容易产生无助感。

2．离退休人员心理变化的应对

离退休人员可以采取以下措施应对可能出现的心理变化：

（1）在离退休前做好充分的心理准备，主动规划离退休后的生活，保持积极乐观的心态。

（2）在离退休后，主动参与社会活动，融入不同的社会群体，如老年志愿服务队、老年乐队等。

（3）正确处理与家人的关系，通过加强沟通和理解，共同营造和谐温馨的家庭氛围。

（4）正确看待疾病，积极治疗疾病。

（5）养成健康的生活习惯，保持身心健康。

三、再社会化

再社会化是指用补偿教育或强制方式对人实行与其原有的社会化过程不同的再教化过程。再社会化包括主动再社会化和强制再社会化两种类型。

（一）主动再社会化

主动再社会化是指个人根据环境条件的变化主动接受新的生活方式和参与新的社会生活的过程。主动再社会化一般出现在社会急剧变动或移民时。

个人在某种文化背景下完成了社会化，就会认同这种文化背景下的主流价值观与社会规范，并在生活中进行实践。但是当环境发生变化，原来的社会化成果不再适用时，为了适应环境，个人就必须主动学习新的价值观和社会规范。

课堂互动

生活中有很多主动再社会化的事例。例如，某农民进入城市成为工厂的工人后，他必须努力学习，以适应城市和工厂的要求。你知道哪些主动再社会化的事例？请分享这些事例。

（二）强制再社会化

强制再社会化是指相关机构对背离当时社会所倡导的价值观和社会规范的人进行社会化的过程。强制再社会化强制要求个人改变原有的价值观、行为方式、思维方式等。例如，某些人的违法犯罪行为严重损害了他人和社会的利益，职能部门就会对这些人进行强制改造，使他们重新认同社会的主流价值观，并使他们的行为符合社会规范。

以人为本

心理健康教育助力社区矫正对象再社会化

2023 年 2 月，深圳市龙华区观澜街道联合龙华区生命关爱中心开展心理健康教育学习活动，助力辖区 50 余名社区矫正对象再社会化。

活动中，龙华区生命关爱中心的老师以“手绘归属圈工作坊”的形式，引导社区矫正对象重新认识自我、接纳自我，以理性思维对待当前境况，并从“标签理论”出发，帮助社区矫正对象去掉负面“标签”，摒弃旧的价值观和行为模式，重新树立正向人设。同时，老师通过“手绘归属圈”的绘图游戏强化社区矫正对象的心理建设，进一步增强矫正对象的社会归属感和融入感。

在互动环节，司法所相关负责人与社区矫正对象一起交流心得体会，并通过寓言故事鼓励社区矫正对象学会转换思维，以乐观向上的心态面对生活和工作，争取顺利度过矫正期，早日回归正常生活。

下一步，观澜街道将进一步加强与专业心理服务平台的联动协作，建立完善的社区矫正心理健康教育工作机制，增加普适性集中心理辅导活动频次，加强心理危机干预和个别化心理疏导，实现精准化矫治；进一步改善社区矫正对象的心理健康情况，加快实现“去标签化”和再社会化，促进辖区社区矫正对象顺利回归社会、融入社会。

（资料来源：《龙华区观澜街道开展心理健康教育助力社区矫正对象再社会化》，深圳市司法局网站，2023 年 2 月 23 日）

任务实施

采访老年人，深入了解社会化过程

【任务背景】

2021 年 11 月 24 日，中共中央、国务院发布《关于加强新时代老龄工作的意见》。该文件提出，鼓励老年人继续发挥作用。把老有所为同老有所养结合起来，完善就业、志愿服务、社区治理等政策措施，充分发挥低龄老年人作用。在学校、医院等单位和社区家政服务、公共场所服务管理等行业，探索适合老年人灵活就业的模式。鼓励各地建立老年人才信息库，为有劳动意愿的老年人提供职业介绍、职业技能培训和创新创业指导服务。深入开展“银龄行动”，引导老年人以志愿服务形式积极参与基层民主监督、移风易俗、民事调解、文教卫生等活动。发挥老年人在家庭教育、家风传承等方面的积极作用。加强离退休干部职工基层党组织建设，鼓励老党员将组织关系及时转入经常居住地，引导老党员结合自身实际发

挥作用，做好老年人精神关爱和思想引导工作。全面清理阻碍老年人继续发挥作用的不合理规定。

老年人的社会化属于继续社会化，了解老年人的社会化情况，有助于我们进一步了解社会化过程。

【实施要求】

（1）学生自由分组，每组 4～6 人，并选出一名小组长。

（2）各小组选定一位老年人，通过采访的形式了解其社会化情况。

（3）在采访过程中，各小组应了解采访对象在当前阶段是如何进行社会化的、其心理状态是怎样的。

（4）各小组整理采访资料，并将其制作成 PPT。PPT 中可包含相关的图片、音频、视频等。

（5）小组长进行课堂分享，教师进行点评。

学习成果自测

1．填空题

（1）社会化具有独特性、____________、____________和持续性等特点。

（2）社会化的主体主要包括家庭、____________、____________和____________等。

（3）再社会化包括____________和____________两种类型。

2．选择题

（1）由于不断受到外界环境的影响，个人会逐渐形成特定的性格、气质、能力等。这属于社会化中的（　　）的内容。

A．形成自我认知　　B．培养社会适应能力

C．发展个性　　D．学习社会规范

（2）小红加入了学校的手工艺社团，学会了剪纸、刺绣等，进一步感受到了传统文化的魅力。下列选项中，能准确总结小红社会化的意义的是（　　）。

A．更好地认识自己的优点和不足之处

B．加强了与他人之间的情感交流

C．学会遵守社会规范，维护社会秩序的稳定

D．增强了对传统文化的认同感

（3）（　　）的社会化能够帮助个人形成较稳定的价值观，习得适应社会生活的知识和技能，以及进行初步职业定向。

A．青少年时期　　B．儿童时期

C．中年时期　　D．老年时期

（4）继续社会化包括（　　）。

A．中年时期的社会化和老年时期的社会化

B．儿童时期的社会化和青少年时期的社会化

C．青少年时期的社会化和中年时期的社会化

D．青少年时期的社会化和老年时期的社会化

3．简答题

（1）家庭对个人的社会化体现在哪些方面？

（2）简述早期社会化。

学习成果评价

请进行学习成果评价，并将评价结果填入表 1-1 中。

表 1-1　学习成果评价表

班级：________　　姓名：________　　学号：________

<table>
<tr><th rowspan="2">评价项目</th><th rowspan="2">评价内容</th><th rowspan="2">分值</th><th colspan="2">评分</th></tr>
<tr><th>自我评分</th><th>教师评分</th></tr>
<tr><td rowspan="3">知识
（40%）</td><td>社会化的定义、特点、内容、条件与意义</td><td>10</td><td></td><td></td></tr>
<tr><td>社会化的主体</td><td>15</td><td></td><td></td></tr>
<tr><td>社会化的过程</td><td>15</td><td></td><td></td></tr>
<tr><td rowspan="2">技能
（40%）</td><td>能够说明不同社会化主体对个人社会化的影响</td><td>20</td><td></td><td></td></tr>
<tr><td>能够明确自身处于社会化过程的哪一个阶段，并与实际生活相结合，使自身进行良好的社会化</td><td>20</td><td></td><td></td></tr>
<tr><td rowspan="4">素养
（20%）</td><td>积极学习，主动思考、讨论</td><td>5</td><td></td><td></td></tr>
<tr><td>具备团队精神，积极与他人合作</td><td>5</td><td></td><td></td></tr>
<tr><td>积极进行社会化，培养使命感和道德感</td><td>5</td><td></td><td></td></tr>
<tr><td>热爱生活，积极向上，主动进行社会化</td><td>5</td><td></td><td></td></tr>
<tr><td colspan="2">合计</td><td>100</td><td></td><td></td></tr>
<tr><td>自我评价</td><td colspan="4"></td></tr>
<tr><td>教师评价</td><td colspan="4"></td></tr>
</table>

项目二 自我意识

项目引言

在生理和心理发展的基础上，个人会开始产生自我意识，逐渐探索内在的自我，了解自己的优势与劣势。在成长过程中，个人只有全面、深入地认识自己，不断完善自我意识，才能更好地保持身心健康。

知识目标

- 了解自我意识的定义与构成。
- 了解自我意识的特点与作用。
- 掌握形成自我意识的三个阶段。
- 熟悉自我意识的影响因素。
- 掌握如何完善自我意识。

素质目标

- 关爱自己，了解自己，接纳自己，维护自己的心理健康。
- 不断改进自己，协调自己与他人之间的关系，与他人相互帮助、相互鼓励、共同进步。

任务一　了解自我意识

任务导入

认识自我，拥抱美好生活

“我要如何与新同学交流？”“我的学习目标是什么？”“加入哪个社团对我的成长帮助最大？”“我没有特长怎么办？”“我到底要不要转专业？”“我是应该考研还是应该就业？”“我毕业后是应该留在大城市工作还是回老家工作？”……有些大学生不知道自己想要什么，对未来感到迷茫。这些大学生一般都有一个共同的特点——不够了解自己，既不了解自己的内在需求，也不了解自己的潜在能力。

大学生只有在思想、意愿、行为、性格和能力等方面准确地认识自己，形成清晰的自我意识，才能明确“我是谁？”“我要做什么？”“我要成为什么样的人？”等问题，才能在诸多选择面前做出科学的考量和合理的判断。

思考：

（1）什么是自我意识？

（2）自我意识的作用有哪些？

一、自我意识的定义

自我意识是指个人对自己的身心状态以及自己与客观世界的关系的认识。具体而言，自我意识具有以下内涵：

什么是自我意识

（1）自我意识是个人对自己的认识和对自己的态度的统一，包括自我感觉、自我评价、自我认同等。

（2）自我意识的发生与发展过程是个人社会化的过程。个人在成长的过程中，逐渐产生了对周围环境的认识，也产生了对自己的认识。

（3）自我意识是个人对自己身心状态的认识，包括对自己的生理特征（如身高、体重、体形等）和心理特征（如兴趣、能力、性格、气质等）的认识。

（4）自我意识是个人对自己与客观世界关系的认识，如对自己与周围人相处关系的认识、对自己在社会群体中位置与作用的认识等。

二、自我意识的构成

自我意识由自我认知、自我体验和自我控制三部分构成：

（一）自我认知

自我认知是自我意识的认知成分，包括自我感觉、自我概念、自我观察和自我分析等。其中，自我感觉是个人对自己的主观感知和评价，影响个人的自尊心、情绪以及与他人相处的方式等；自我概念是个人关于自己的观念体系，包括态度、情感、信仰等；自我观察是指个人对自己的思想、行为的觉察；自我分析是指个人对自己进行的理性、深刻、全面的分析。

（二）自我体验

自我体验涉及自我意识的情感内容，是主我对客我的认识，主要包括自信、自尊、自卑和自满等。自我体验的影响因素包括个人的自我认知，个人对社会规范、价值标准的认识，他人的评价，等等。例如，小马喜欢结交新朋友，并认为自己待人真诚。但听到有人评价他为人虚伪后，他产生了自我怀疑。

主我也称主体自我，是个人身心活动的承担者，是对他人态度进行反应的主动者，是人格中积极、能动、创造性的力量，引导和促使客我的变化和发展，同时也受客我的限制。

客我也称客体自我，是被觉察、评价的个人的身心活动，是自我意识的对象，是个人在与他人、环境互动时，被当作一个社会客体、被社会界定的自我。

（三）自我控制

自我控制是一种内在的、自我调节的活动，通过自我控制，个人可以更好地掌握自己的情绪和行为，从而减轻消极情绪的影响，提高心理健康水平。

在遇到挫折时，你是如何进行自我控制的？请举例说明。

三、自我意识的特点

自我意识具有社会性、能动性、独特性等特点。

（一）社会性

自我意识是个人进行社会化的产物，其产生、形成和发展都是在社会化过程中进行的。一个人如果从出生就脱离人类社会，未经历社会化，就不会产生自我意识。

（二）能动性

个人在接受社会影响的同时，也会积极主动地认识和分析自己，对自己的能力做出判断，不断地进行自我改进，并会在有条件的情况下改造客观世界，为自己的生存和发展创造更好的条件。

（三）独特性

个人在成长过程中接触到的文化、受到的教育等都会影响自我意识，这使得每个人都有自己独特的认识、思维、情感等。这种独特性也使得每个人在社会互动中表现出不同的个性和行为方式。

四、形成自我意识的三个阶段

美国心理学家奥尔波特指出，自我意识的形成大致分为三个阶段，即生理自我、社会自我、心理自我。

（一）生理自我

生理自我是自我意识的最原始形态，主要是个人对自己年龄、性别、身高、体重、容貌、健康状况等生理特征的认识，包括占有感、支配感和爱护感等。生理自我在个人的自我意识中最早觉醒，并随着个人年龄的增长而发生变化，呈现出不同的特点。通过认识生理自我，个人能体会到自己的存在，发现自己身体状况的变化，从而采取措施维护身体健康。

（二）社会自我

社会自我是个人对自己社会属性的认识，包括对自己在社会关系中的角色、地位、权利、义务等的认识，受社会文化影响较深。社会自我是自我意识的中心部分，其形成受社会变迁、他人和群体的影响。通过认识自己在社会中的角色，个人能建立并维护自己的人际关系，增强社会参与感和责任感。

（三）心理自我

心理自我是个人对自己心理属性的认识，包括对自己的智力、性格、气质、兴趣爱好、记忆、思维等的认识。在这一阶段，个人表现出较强的主动性和独立性，强调自己的价值与理想，注重自尊心和自信心。通过认识心理自我，个人能够更好地理解自己的情感、思维和行为，对自我价值产生进一步认同。

五、自我意识的作用

（一）发扬优点、弥补不足

通过自我意识，个人能够清晰地认识自己的优点与不足，从而在实际活动中发扬自己的优点，弥补自己的不足。例如，小张在上大学时是一名品学兼优的学生，毕业后步入职场，他发现自己有很多不足之处，于是他努力学习（如向有经验的同事请教，见图 2-1），以弥补自己的不足。

图 2-1　向有经验的同事请教

（二）增强继续努力的动力和自信心

通过自我意识，个人能够设定清晰的目标，并为实现目标而努力奋斗。当自己实现目标，获得进步和成就时，个人通常会增强继续努力的动力和自信心。例如，小芳身体健康状况不好，于是她设定了通过游泳来改善身体健康状况的目标。一段时间后，通过翻看自己的身体健康状况记录，她发现自己的身体健康状况明显改善了，她因此增强了通过游泳保持身体健康的信心和动力。

（三）调节自我状态

当意识到自身出现情绪波动或行为偏差时，个人一般会主动地调节自己的情绪，使自己的情绪稳定，或纠正自己的行为，使自己的行为符合要求。

任务实施

开展自我认识活动

【任务背景】

每个人都是独一无二的，认识自己的优点和独特性，有助于自己增强自信心，在实际活动中发挥自己的能力。那么，你知道你是一个什么样的人吗？你有哪些优点和不足？你将来会成为一个什么样的人呢？

【实施要求】

（1）结合所学知识和自己的真实情况，将自我认识表（见表 2-1）填写完整。

表 2-1　自我认识表

<table>
<tr><td>姓名</td><td colspan="3"></td></tr>
<tr><td rowspan="6">生理自我</td><td>年龄</td><td colspan="2"></td></tr>
<tr><td>性别</td><td colspan="2"></td></tr>
<tr><td>身高</td><td colspan="2"></td></tr>
<tr><td>体重</td><td colspan="2"></td></tr>
<tr><td>容貌</td><td colspan="2"></td></tr>
<tr><td>健康状况</td><td colspan="2"></td></tr>
<tr><td rowspan="4">社会自我</td><td>角色</td><td colspan="2"></td></tr>
<tr><td>地位</td><td colspan="2"></td></tr>
<tr><td>权利与义务</td><td colspan="2"></td></tr>
<tr><td>人际关系状况</td><td colspan="2"></td></tr>
<tr><td rowspan="5">心理自我</td><td>性格</td><td colspan="2"></td></tr>
<tr><td>气质</td><td colspan="2"></td></tr>
<tr><td>兴趣爱好</td><td colspan="2"></td></tr>
<tr><td>记忆力</td><td colspan="2"></td></tr>
<tr><td>思维能力</td><td colspan="2"></td></tr>
<tr><td colspan="2">自我评价</td><td colspan="2">他人对我的评价</td></tr>
<tr><td colspan="2"></td><td colspan="2"></td></tr>
<tr><td colspan="2">我的优点</td><td colspan="2">我的不足</td></tr>
<tr><td colspan="2"></td><td colspan="2"></td></tr>
</table>

（2）根据表 2-1 中填写的内容进行总结，并将下列横线填写完整。

① 我是一个________________________的人。

② 我将通过________________________等方法发挥我的优点，通过________________________等方法弥补我的不足。

③ 我将来会成为一个________________________的人。

（3）教师随机挑选几名学生进行课堂分享，并对他们任务实施的成果进行点评。

任务二　熟悉自我意识的影响因素

任务导入

看星星的少年

某天文小组发现了一颗主带小行星，该小行星被国际天文学联合会小行星中心确认，该天文小组的组长小熊拥有了此小行星的命名权。

小熊第一次接触天文是在 7 岁时。有一次，父母带小熊外出旅游，去参观了当地的天文馆。他对天文馆中的行星模型充满了好奇。回家后，父母为了满足小熊的好奇心、支持他培养兴趣爱好，在家里配备了望远镜和相机。平时一有空，父母就会带小熊去郊区山顶观测星空。在父母的陪伴与支持下，小熊开始主动地学习天文知识。

后来，小熊加入了学校的天文研究组织，跟着老师参与了各项科研探究活动。小熊表示，他曾组织大家一起进行天文观测活动，并通过此活动培养了领导力，增强了责任感。

此外，小熊努力学习天文知识，积极参加天文奥林匹克竞赛。热爱天文的小熊累计 4 次闯进国际天文奥林匹克竞赛的决赛，2 次选拔入国家集训队。每当看到家中展示架上属于自己的一块块奖牌，小熊充满了自豪感。他说，备赛的过程中，他遇到了很多难题，但只要一抚摸这些奖牌就又有信心去克服困难、挑战自己了。

在繁忙的学习过程中，小熊常常挤出时间去观测星空。“因为要兼顾学习和兴趣，所以我每天都要做好计划，做事不能拖沓，因为时间太宝贵了。”小熊说。小熊还表示，未来他打算选择天文学或理论物理为学习研究方向，继续探索浩瀚的星空。

（资料来源：肖扬，《高中生发现一颗小行星》，荆楚网，2022 年 4 月 20 日）

思考：

（1）上述案例中，小熊自我意识形成的影响因素有哪些？

（2）从上述案例中可以看出，家庭和学校对个人自我意识的影响有哪些？

自我意识的形成和发展会受到多种因素的影响，主要可分为个人因素和社会因素两个方面。

一、影响自我意识的个人因素

个人的自我意识与个人自身的成长密切相关，是在个人生理和心理的持续发展中逐步完善的。影响自我意识的个人因素主要包括以下几个方面。

（一）认知水平

认知水平影响着个人对自身思想、情感和行为等的评价。认知水平高的人，其理解能力、判断能力、分析能力等一般较强，其对自身的认识会更全面、深刻、准确。

（二）情绪稳定性

情绪稳定性测试量表

情绪稳定性好的人在不同的时间和场合下，其情绪通常不易受外界因素的影响，并且在生活中，他能及时感知自己的情绪状态，有效调节自己的情绪，从而为进行客观、准确的自我认识提供基础。

（三）性格特征

性格是指个人的稳定态度和习惯化的行为方式的个性心理特征，如优柔寡断、刚强、懦弱等。由于具体的生活道路不同，每个人的性格特征也会有所差异，进而影响自我意识。例如，性格坚毅的人，其思想和行为一般不易被外界动摇，他们对自己的能力、价值有自己的看法；性格优柔寡断的人，一般容易受到他人评价的影响，从而导致自我认识不足，难以形成积极的自我意识。

（四）身体状况

个人身体状况的好坏对自我意识有着直接影响。身体状况好的人一般充满活力，心态较好，自我意识清晰、明确。

（五）个人经历

个人的生活经历、受教育经历、社会实践经历等，都会对个人自我意识的形成和发展产生影响。例如，某人在家庭生活中经常被否定和批评，他可能会缺乏自信，无法全面、客观地认识自己，并会对自己做出较低的评价。

二、影响自我意识的社会因素

（一）家庭

家庭主要从以下几个方面对个人的自我意识产生影响。

1．成员之间的关系

家庭中的亲子关系、兄弟姐妹关系等都会对个人的自我意识产生影响。一般而言，在和谐友爱的家庭关系中成长的人，会更乐观、开朗、自信，产生积极的自我意识。

此外，家庭成员之间相互尊重、理解和信任，有利于个人积极主动地认识自己，不断完善自我意识。

2．教育方式

家长的教育方式对孩子的自我意识有直接的影响。家长的支持、鼓励（见图 2-2）等都可以促进孩子认识自我、增强自我价值感。如果家长过于控制、批评或忽视孩子，则可能导致孩子形成消极的自我评价，从而影响其对自身的认识。

图 2-2　家长支持、鼓励孩子

此外，在一个注重个体独立性和自我表达的家庭中，孩子更容易形成积极的自我意识。

3．期望

家长对孩子的期望会影响孩子的自我意识。适当的期望可以帮助孩子树立人生目标、激发潜能；过高的期望则可能给孩子带来较大的压力，影响他们的自我认知和心理健康。

知识窗

培养孩子自我意识，引导孩子做最好的自己

有些孩子觉得自己已经长大了，试图做出大人的行为。但由于社会经验太少，且不能正确地认识自己，因此他们的行为往往显得幼稚。

有些孩子傲气十足，认为自己所做的一切都是对的。当发现自己的行为是错误的时候，他们会产生自我怀疑。

有些孩子在听到别人对自己不好的评价时，会产生自卑感。

……

这些其实都是孩子自我意识没有得到正确发展的表现。学生时期是孩子自我意识发展最迅速的时期，也是孩子培养自我意识的关键时期。在此时期，家长要注意正确引导，使孩子的自我意识沿着正确的方向发展，具体可采取以下方法：

（1）创建民主型家庭。在民主型家庭中，家长会尊重孩子，重视与孩子的沟通，鼓励孩子独立自主。通过创建民主型家庭，家长可以用朋友身份与孩子平等交流，鼓励孩子表达自我，引导其正确认识自我、评价自我，从而促进其自我意识健康发展。

（2）培养孩子自主处理事情的能力。在保证安全的前提下，家长应该放手让孩子独自面对问题、解决困难、做出选择，帮助孩子培养自主意识和处理事情的能力。

（二）学校

学校主要从以下几个方面对个人的自我意识产生影响。

1．学校文化

学校文化是指学校在教育实践中逐渐创造、形成的行为规范、价值观念与历史传统等，包括育人宗旨、校风、校训等。学校文化会影响学生的思维方式、行为模式等，会向学生传递一定的价值观念和道德准则，从而影响学生的自我意识。

2．科学文化知识

学校通过教授学生科学文化知识，培养他们的认知能力、思维能力和创新能力等。个人通过学习科学文化知识，能够拓展认知范围、培养批判性思维和自我反思能力等，从而形成准确的自我意识。

3．人际互动

学校是一个复杂的社会环境，个人在这里与老师、同学等进行广泛的人际互动。通过交流和互动，个人可以获得来自他人的评价，从而更全面地认识自己。此外，个人积极进行人际互动，有利于建立良好的人际关系，获得他人的认可和支持，从而建立自信心。

4．校园活动

校园活动是指由学校或其他组织在校园里举办的面向全校师生的涉及文化、娱乐、体育等方面的活动，如读书会、文艺表演、篮球比赛（见图 2-3）等。通过参与校园活动，个人可以了解自己的兴趣爱好，发现自己的优势与劣势等，从而更深入、直观地认识自己。

图 2-3　篮球比赛

以人为本

关爱学生心理健康

为了帮助学生准确、全面地认识自己，接纳自己的优缺点，避免部分学生出现自我否定、过度自卑或自负等不良心理，引导学生正确地评价自己，进一步促进学生心理健康发展，某学生心理健康辅导中心的志愿者老师在相关学校开展了“认识自我，悦纳自我”系列心理健康讲座。

志愿者老师针对不同年龄阶段的学生，精心设计教学环节，通过“角色扮演”“我的自画像”“猜猜他是谁”等活动激发学生探索自我的兴趣。学生积极参与，在活动中进一步认识自己，提升抗挫折能力。

维护学生心理健康工作任重而道远，该心理健康辅导中心将持续开展系列心理健康讲座，用爱滋养学生心灵，用专业呵护学生心理健康，希望学生们脸上有微笑，心中有梦想。

（资料来源：《认识自我 悦纳自我——记九江市未成年人心理健康教育辅导中心主题心理课》，中国九江网，2023 年 12 月 14 日）

（三）社会文化

社会文化主要从以下几个方面对个人的自我意识产生影响。

1．社会价值观

社会价值观反映了社会中人们对道德、伦理、行为和生活方式等的观点和态度，影响个人的思想、行为、态度和价值观等。

社会主义核心价值观的基本内容如下：富强、民主、文明、和谐，自由、平等、公正、法治，爱国、敬业、诚信、友善。

2．社会规范

社会规范包括社会的制度、法律法规、道德准则、风俗习惯等。人们在遵循社会规范的过程中，会不断地认识到自己思想和行为的不足之处，并进行自我改进。

3．社会身份

社会身份是指个人在社会中所扮演的角色和所处的地位，与一定的社会职责、权利和义务相联系。通过社会身份，个人可以了解自己在社会群体或社会结构中的角色和地位，从更宏观的层面认识自己。

任务实施

分析关于自我意识影响因素的案例

【任务背景】

“我今年 21 岁，我的特长是画画。”“我的皮肤有点黑。”“我朋友很少，经常感到孤独。”“我的体育成绩很好，但专业成绩还有待提高。”“我理想的职业是记者。”……一群学生用笔在纸上一笔一画地描绘自己。

盛夏时节，一场热闹的“寻‘我’”活动在某大学的一个班级中展开。该班通过开展此活动引导学生从生理、心理、社会角度来描绘和认识自己。活动中，学生用笔在纸上描绘自己眼中的自己，老师则给予积极引导和正向反馈，帮助学生建立积极的自我形象。例如，在学生描绘社会的“我”时，老师引导他们发现他们有很多人陪伴，从而消除他们的孤独感和无助感。又如，在团体活动中，老师通过设置一些小游戏、小任务，以培养学生的自信心和团结精神。

【实施要求】

（1）分析上述案例，并回答以下问题：

① 案例体现了自我意识的哪些影响因素？

② 案例中的学校采用了哪些方法引导学生认识自己？

③ 家庭、学校、社会文化等对你的自我意识的形成与发展有哪些影响？是如何对你产生影响的？

（2）整理上述问题的答案。

（3）教师随机挑选几名学生进行课堂分享，并对他们任务实施的成果进行点评。

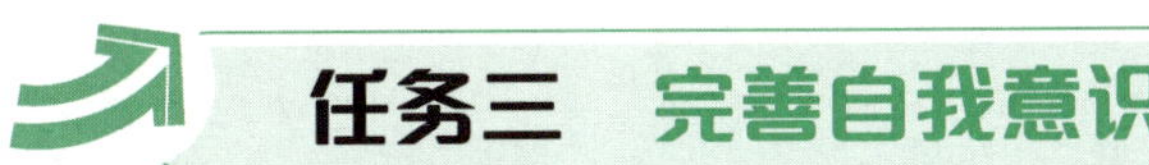

任务三　完善自我意识

任务导入

李某的自我意识完善之路

李某是某大学一年级的学生。在第一学期期末考试之后，她经常情绪低落，感觉压力很大。

在中学时，李某成绩好，一直担任班长。但进入大学后，她在竞选班干部时落选。在学习上，由于老师每堂课都讲很多内容，李某无法及时理解这些内容，以至于考试成绩非常不理想。对此，李某很着急，但又不知道该怎么办。

李某向父母诉说了自己的问题。在父母的引导下，李某尝试从不同方面做出改变，具体如下：

（1）进行自我评价，了解自己的优点和不足，并发扬自己的优点，弥补自己的不足。为了弥补自己在学习方面的不足，李某积极改变学习方式，按照每门课程的学习进度，列好每周学习计划，及时进行预习和复习，并主动向班里成绩优秀的同学请教，以提高学习成绩。

（2）进行自我肯定，接受现在的自己，并想办法提升自己。就提升自己方面而言，她除了努力学习课堂知识，还主动参加班级和学校组织的各种活动，培养自己的兴趣爱好和特长。

（3）进行自我调节，避免自己受到不良情绪的影响。当发现自己出现不良情绪时，她积极进行自我调节，排解不良情绪。

渐渐地，李某在学校里交到了很多朋友，成绩也稳步提升，她也因此变得更加开朗。

思考：

（1）个人应如何完善自我意识？

（2）上述案例中，李某是如何完善自我意识的？

个人要完善自我意识，可以从自我剖析、自我肯定、自我接纳、自我期望和自我发展等方面进行。

一、自我剖析

自我剖析是指个人对自己进行全面、客观、准确、深刻分析的过程。通过自我剖析，个人能全面、深刻地了解自己，进而完善自我意识。自我剖析的方法主要包括自我评估和社会比较。

（一）自我评估

自我评估是指个人对自己的价值观、信仰、知识和技能水平、人际关系等各个方面进行分析和评价的过程。个人可通过以下途径来进行自我评估：

（1）自我反思，即坐下来静静地思考自己的思想和行为，或思考自己的优点与不足等。

（2）目标对比，即将过去一段时间内自己的表现与自己之前设定的目标进行对比，分析自己是否达到了目标及达到或未达到目标的原因等，从而进行自我评估。

个人设定的目标不能过高或过低，以免影响自我评估的效果。过高的目标，一般难以实现，容易让人产生挫败心理；过低的目标，一般较容易实现，容易让人产生自负心理。

（3）请他人评估，即先邀请家人、朋友、同学、老师等从不同方面（如性格特征、沟通能力等）对自己进行评估，然后整合这些评估信息，最后进行自我评估。

（4）写日志，即以写日志（见图 2-4）的形式记录自己的日常感受、想法和行为等。采用这种方法，个人能够深入地了解自己的内心世界，进行深刻地自我评估。

图 2-4　写日志

（5）寻求专业指导，即寻求心理咨询师、职业导师或其他专业人士的帮助，请他们提供专业的建议和指导，帮助自己全面了解自己。

课堂互动

你通常通过哪些途径进行自我评估？请举例说明。

（二）社会比较

社会比较是指个人通过将自己与他人比较来认识自己的思想、行为、态度、能力等的过程。社会比较的方法一般有以下几个：

（1）上行比较，即个人将自己与更优秀的人比较。通过与更优秀的人比较，个人可以发现自己与对方的差距，从而激励自己进步，缩小自己与对方的差距。

（2）下行比较，即个人将自己与更差的人比较。通过与更差的人比较，个人可以发现自己的优点，增强自信。

（3）平行比较，即个人将自己与跟自己生活经历、家庭背景、社会地位、能力等相似的人比较。通过平行比较，个人能客观地了解自己的优势和劣势，从而做出准确的自我评价。

二、自我肯定

自我肯定是指个人对自己的外在形象、精神面貌、性格特征和行为表现等方面表示认可和欣赏。通过自我肯定，个人可以增强自信，以健康的心理和积极的心态发现和改进自己的不足，从而不断完善自我意识。

三、自我接纳

自我接纳，是否意味着我们将安于现状

自我接纳是指个人确认自己的价值，接受现实的自己。自我接纳主要有以下表现：

（1）接纳生理自我，即无论身高、体重、外貌如何，个人都能欣然接受并珍惜自己的独特性。

（2）接纳社会自我，即清楚自己的社会角色，接受自己在社会中的地位，并积极地去提高自己的社会地位。

（3）接纳心理自我，即了解自己的性格、气质、兴趣爱好等，并接受自己的不完美。

四、自我期望

自我期望是指个人对自己未来发展和表现的期待，这种期待通常建立在个人对自己能力和目标的认识以及对外界环境的评估上。通过自我期望，个人能够明确自己的发展方向，并通过分析是否实现期望目标来认识自己，进而完善自我意识。

个人进行自我期望的一般步骤如下：

（1）设定目标，即个人为自己设定清晰、具体的期望目标，如端正学习态度、提高情绪调节能力、交到更多朋友等。

（2）制订计划，即为实现目标制订具体、可行的行动计划。

（3）实施计划，即将行动计划付诸实践。通过计划的实施，个人可以逐渐接近并最终实现自己所设定的目标。

（4）监控调整，即个人监督自己实施行动计划的过程，及时发现和解决出现的问题，确保目标的顺利实现。

（5）反思总结，即个人分析自己在实现期望目标过程中的表现，总结成功经验和不足之处，加深对自己的认识，为今后的自我期望设定提供参考和指导。

五、自我发展

自我发展是指个人在自我认识的基础上，不断增强自身能力、实现自身价值的过程，是完善自我意识的重要方式之一。个人可以从自我觉察和自我调节两个方面来实现自我发展。

（一）自我觉察

自我觉察是指个人将自己作为认识的对象，对自己进行了解和认识的过程。自我觉察的内容一般包括以下几个：

（1）觉察自己的思想和行为，了解自己在不同环境中的思想和行为的情况。这有利于个人改进自己的思想和行为。

（2）觉察自己的情绪变化，了解自己情绪变化的原因。这有利于个人及时采取措施调节情绪，避免情绪失控。

（3）觉察自己的身体变化，了解自己的身体状况。若发现自己的身体状况不佳，个人可以采取运动（见图 2-5）或就医等方式来改善身体状况。

图 2-5　运动

（4）觉察自己的动机，了解自己内心深处的需求。个人应学会满足自己合理的需求，控制自己不合理的需求。

（5）觉察自己的责任和义务，了解自己所扮演的社会角色。这有利于促进个人承担责任和义务，学会在扮演不同社会角色时调整自己的思想、行为和态度。

（6）觉察自己的特长，了解自己擅长做什么，不擅长做什么。

通过自我觉察，个人可以更全面、深入地认识自己，从而有目的地调整自己的状态，促进自我发展，完善自我意识。

（二）自我调节

自我调节是指个人受外界因素的影响，改变原有的心理状态以适应外界环境的过程。通过自我调节，个人能够保持稳定的情绪和积极向上的心态，避免做出不理智的行为。

有效的自我调节包含以下 4 个关键因素：

（1）标准。有效的自我调节需要有明确的标准，这些标准是可表征的、可监控的，可以为个人的思想、情绪和行动等提供指导。

（2）监控。在自我调节过程中，个人要随时关注自己当前的状态是否符合既定的标准，确保自己当前的状态不偏离标准。

（3）意志力。要想进行有效的自我调节，个人应具备克服种种困难和阻碍的意志力。

（4）动机。个人只有具有进行自我调节的动机，才有动力去进行自我调节。

知识窗

在特殊情况下如何进行自我调节

1. 对别人的批评无法接受时怎么办

有些人的自尊心比较强，当听到他人的批评时，他们可能会难以接受，甚至会产生抵触或愤怒的情绪。当无法接受他人的批评时，个人可以采用以下方法进行自我调节：

（1）以事实为标准。养成一切以事实为标准的思想。对于来自他人的评价，无论是赞美还是批评，个人都应根据事实进行客观的评估，判断这些评价是否真实地反映了实际情况。同时，个人应时刻保持头脑清醒，从这些评价中进行自我反思，做到“有则改之，无则加勉”。

（2）不予理会。对于来自他人无关紧要的批评，个人可以一笑置之，不予理会。

2. 对来自他人的不同评价感到困惑时怎么办

不同的人对于某个人会有不同的看法和评价。有些人会因为他人对自己的评价不同而困惑。其实，产生这种困惑主要是由于个人对“我到底是怎样一个人”不清楚。个人可以采用以下方法来了解自己：

（1）反思法。培养自我反思的习惯，比较不同人对自己的评价，结合自己在日常生活中的实际表现，思考“我实际上是什么样的人?”，从而准确认识自己。

（2）自画像法。回答“我的优点有哪些?”“我的缺点有哪些?”“我的做人原则是什么?”“我最喜欢的事物是什么?”“我最讨厌的事物是什么?”“我最希望得到的是什么?”等问题，从而更清晰地认识自己。

3. 因没有明确的人生目标而感到迷惘时怎么办

当没有明确的人生目标时，个人就会感到迷茫、困惑和不安，失去前进的方向和动力。个人可以采用以下方法来明确人生目标：

（1）设立阶段目标。若不明确长远目标，个人可根据当前的任务和自己的喜好设定一系列短期目标，在实现各短期目标的过程中明确人生目标。

（2）参与社会实践。个人可以通过参与社会实践来发现自己的兴趣爱好、特长等，然后经过不断地思考、选择找到人生目标。

任务实施

自我意识测试量表

开展完善自我意识活动

【任务背景】

完善自我意识是个人成长的表现。作为学生，你是否经常进行自我剖

析？是否接纳自己的优点与不足？是否主动采取行动促进自我发展呢？

【实施要求】

（1）结合所学知识和自己的真实情况，将自我意识完善表（见表 2-2）填写完整。

表 2-2　自我意识完善表

项目	问题	措施
自我剖析	示例：我有时候知道自己错了，但我不想承认。	示例：经常进行自我反思，勇于承认错误。
自我肯定		
自我接纳		
自我期望		
自我发展		

（2）根据表 2-2 中填写的内容进行总结，对自己进行全面、客观、准确地评价，并思考自己还可以从哪些方面进一步完善自我意识。

（3）教师随机挑选几名学生进行课堂分享，并对他们任务实施的成果进行点评。

学习成果自测

1. 填空题

（1）自我意识由________、________和________三部分构成。

（2）美国心理学家奥尔波特指出，自我意识的形成大致分为三个阶段，即________、________、________。

（3）学校主要从________、________、________和校园活动等方面对个人的自我意识产生影响。

2. 选择题

（1）下列选项中，（　　）不属于自我意识的特点。

A. 能动性　　B. 唯一性

C. 社会性　　D. 独特性

（2）下列选项中，（　　）不属于影响自我意识的社会因素。

A. 家庭　　B. 学校

C. 认知水平　　D. 社会文化

（3）下列选项中，（　　）不属于社会文化对个人自我意识产生影响的方面。

A. 身体状况　　B. 社会价值观

C. 社会规范　　D. 社会身份

（4）下列选项中，（　　）不属于进行自我评估的方法。

A. 目标对比　　B. 自我反思

C. 请他人评估　　D. 自我调节

3. 简答题

（1）什么是自我意识？

（2）自我意识的作用有哪些？

（3）影响自我意识的个人因素有哪些？

学习成果评价

请进行学习成果评价，并将评价结果填入表 2-3 中。

表 2-3　学习成果评价表

班级：________　　姓名：________　　学号：________

评价项目	评价内容	分值	评分	
			自我评分	教师评分
知识（40%）	自我意识的定义、构成、特点与作用	10		
	形成自我意识的三个阶段	5		
	自我意识的影响因素	10		
	如何完善自我意识	15		
技能（40%）	能够说明各影响因素是如何影响个人自我意识的	20		
	能够采用合适的方法完善自我意识	20		
素养（20%）	积极学习，主动思考、讨论	5		
	具备团队精神，积极与他人合作	5		
	关爱自己，了解自己，接纳自己，维护自己的心理健康	5		
	不断改进自己，协调自己与他人之间的关系，与他人相互帮助、相互鼓励、共同进步	5		
合计		100		
自我评价				
教师评价				

项目三
社会角色

项目引言

在社会生活中，每个人都扮演着不同的社会角色，并且同时扮演着多个社会角色。不同的社会角色具有不同的行为模式，这些行为模式不仅界定了每个人的职责范围，还帮助个人明确自己的社会身份。

知识目标

- 了解社会角色的定义与特点。
- 了解社会角色的类型。
- 掌握社会角色的行为模式。

素质目标

- 认识不同的社会角色，尊重、理解他人的行为，培养同理心。
- 增强责任感，主动承担自己的职责，为维护社会的和谐发展贡献力量。

任务一　了解社会角色

任务导入

刘某的多个社会角色

刘某既是L市工商业联合会副会长、L市女企业家商会会长、企业家、爱心人士，也是爱家庭、爱女儿的母亲，她扮演着多个社会角色，相应地也承担着多种社会责任。

作为市工商业联合会副会长、女企业家商会会长、企业家，刘某带领商会及企业员工在促进企业高质量发展、助力城市建设等方面开展了大量卓有成效的工作，她在积极履行社会责任的同时，推动了地方经济的发展。

作为爱心人士，刘某还致力于关爱女性和留守儿童的公益事业，为这些群体带来了温暖和希望。她说："公益事业不分大小，不分多少，有爱就行。虽然我在公益事业方面做得不大，但是一直没有停止过。"

作为母亲，刘某把女儿教育得非常优秀。虽然刘某平时很忙碌，在对女儿的教育上很多时候不能亲力亲为，但是她一直给女儿潜移默化地灌输正确的做人、做事理念，用自己的行为影响女儿，为女儿做榜样。

除此之外，刘某也有自己的爱好——朗诵。她经常在空闲时间参加朗诵会，刘某说："参加朗诵会对我个人的提升有积极作用。在朗诵的同时，我可以阅读经典名著，抒发情感，提高自己的语言表达能力。"

多年来，刘某在扮演多个社会角色中以身作则，以实际行动回报社会，传递爱心。

思考：

（1）什么是社会角色？

（2）社会角色的特点有哪些？

（3）上述案例体现了社会角色的哪些特点？

一、社会角色的定义

社会角色是指与个人的社会地位相联系并按规范执行的一套权利、义务和行为模式。每个人都扮演着一定的社会角色，这些社会角色决定了个人在社会中的权利与义务。社会角色的扮演，不仅代表着占有特定社会地位的人所应进行的实践活动，也代表着他人对占有特定社会地位的人的期待。

具体而言，社会角色具有以下内涵：

（1）社会角色是一套权利、义务和行为模式。在现实生活中，人们面对不同的社会关

系，以不同的社会角色出现，履行一定的权利与义务，遵守相应的行为准则。

（2）社会角色与社会地位相联系。社会地位是个人在社会中所处的位置，既包括社会关系位置，又包括社会结构位置，社会角色是个人社会地位的外在表现形式。个人只有明确自己的社会地位，才能在实践中遵循相匹配的角色行为模式。

（3）社会角色代表着他人对占有特定社会地位的人的期待。社会角色是人们在长期的历史发展过程中总结出来的，反映了社会对特定角色的要求与期待。

（4）社会角色构成社会群体。社会角色在社会互动中形成多种多样的社会关系，并在社会关系的基础上形成社会群体。

二、社会角色的特点

社会角色具有普遍性、表现性、多重性、具体性等特点。

（一）普遍性

社会角色伴随着社会结构与社会关系的产生而产生，在社会生活中普遍存在。每个人在社会生活中都扮演着一定的社会角色，如父母、子女、领导、员工、朋友等。

（二）表现性

社会角色的内涵和要求等主要通过社会角色扮演者的行为、态度、价值观，以及对他人的期望和反应等表现出来。在生活中，一个人在扮演不同的社会角色时，会表现出不同的行为特点。例如，小朱在家里，他是受父母宠爱的小儿子，会表现出听话、依赖的一面；在学校，他是班长，需要主动照顾班级同学，积极帮助老师分担工作，会表现出热心、独立的一面。

（三）多重性

基于不同的职业类型、群体成员身份、行为方式等，一个人在社会生活中会扮演多个不同的社会角色。例如，一个人在学校听课时，他扮演的社会角色是学生；在超市里购物时，他扮演的社会角色是顾客（见图 3-1）；回到宿舍后，他扮演的社会角色是室友。

图 3-1　在超市购物的顾客

（四）具体性

社会角色是具体的，表现为每个社会角色的地位、权利、责任、义务、行为模式等是具体的。例如，父母具有照顾和培养孩子的义务，要给予孩子关心和爱等；教师具有传授知识、指导学生学习（见图 3-2）的责任，要多鼓励学生，并给学生做好榜样等。

图 3-2　教师指导学生学习

三、社会角色的类型

社会角色多种多样，按不同的标准可划分为多种类型。

（一）按存在形态划分

按存在形态划分，社会角色可分为理想角色、领悟角色、实践角色。

1．理想角色

理想角色又称期望角色，是指符合人们理想的、尽善尽美的社会角色。理想角色通常是基于社会期望、个人目标、自我认同等因素构建的，在一定程度上影响着个人的行为、决策和发展。

社会期望是指社会根据个人的社会角色对其提出的希望和要求。它通常体现在根据社会公认的价值标准和各个群体的不同要求而制订的行为规范中。

2．领悟角色

领悟角色是指个人根据自身的经历、背景和价值观所认识和理解到的社会角色。领悟角色会影响个人的思维方式和行为表现，使个人在扮演社会角色时展现出自己的特点和风格。

3．实践角色

实践角色是指个人在特定的社会活动中实际表现出来的社会角色。在社会实践中，个人在主观上受自身实际能力的影响，在客观上受社会环境和实践过程中外在条件的制约，因而并不一定都能使实践角色与理想角色或领悟角色相一致。

如何缩小实践角色与理想角色之间的差距

课堂互动

你理想中的学生角色是什么样的？你现在是否成为你理想的学生角色？为什么？

（二）按获得方式划分

按获得方式划分，社会角色可分为先赋角色、自致角色。

1．先赋角色

先赋角色是指个人与生俱来的，在成长过程中自然获得或被社会指定的社会角色。先赋角色一般是建立在遗传、血缘等先天或生物因素（如性别、种族、家庭）基础上的社会角色。

2．自致角色

自致角色是指个人通过后天的活动和努力占据某一社会地位后所获得的社会角色，如律师、医生（见图 3-3）等。一般来说，一个人获得并扮演某个自致角色的过程是其不断努力的过程。在现代社会中，一个人一生中扮演的多数社会角色都是自致角色，如职业角色。

图 3-3　医生

（三）按规范化程度划分

按规范化程度划分，社会角色可分为规定性角色、开放性角色。

1. 规定性角色

规定性角色是指有比较严格和明确规定的社会角色，如警察、军人、教师等。扮演这类社会角色的人必须按照规定行事，不能自行其是。

“最美教师”先进事迹

在第 39 个教师节到来之际，中央宣传部、教育部向社会公开发布 2023 年“最美教师”先进事迹。

在这些教师中，有的教师心怀大我，面向国家重大需求开展科研攻关，在国防建设、粮食安全方面作出重大贡献；有的教师坚持推广国家通用语言文字，传承和弘扬中华优秀传统文化；有的教师积极探索办学模式改革，将“薄弱学校”打造为“优质学校”；有的教师传承工匠精神，潜心研究技能技术教育，创新职业教育实践教学；有的教师助力乡村教育，或促进青少年阅读，或用信息技术共享优质教育教学资源；有的教师投身国家乡村振兴重点帮扶县教育人才“组团式”帮扶，整体提升欠发达地区教育质量，充分展示了新时代教师良好精神风貌，成为广大人民教师的优秀代表。

“最美教师”获得者表示，他们将牢记为党育人、为国育才的初心使命，树立“躬耕教坛、强国有我”的志向和抱负，带头弘扬和践行教育家精神，潜心教书育人、培根铸魂，为国家培养德智体美劳全面发展的社会主义建设者和接班人，造就更多可堪大用、能担重任的栋梁之材。

（资料来源：许怡，《中央宣传部、教育部发布 2023 年“最美教师”先进事迹》，教育部官网，2023 年 9 月 12 日）

2. 开放性角色

开放性角色是指没有严格和明确规定的社会角色，如父母、子女、朋友等。扮演这类社会角色的人比较自由，他们可以根据自己对该社会角色的领悟和社会对该社会角色的期望而开展活动。

（四）按权力地位划分

按权力地位划分，社会角色可分为支配角色、受支配角色。

1. 支配角色

支配角色是指在某种社会关系中处于控制地位的社会角色。这类社会角色具有支配他人的权力，有权做出决定或影响他人的行为。德国社会学家达伦多夫提出，只要人们聚在一起组成一个群体或社会，并在其中发生互动，就必然有一部分人拥有支配权，另一部分人则被支配。

2．受支配角色

受支配角色是指处于受控制或被影响的地位，受他人支配，需遵从支配角色指示的社会角色。在社会生活中，受支配角色可能会比较被动，渴望更多的权力和自由。例如，在企业中，普通员工通常扮演受支配角色，需要听从管理者的指示，但他们往往渴望得到更多的权力，改变现状。

（五）按行为意图划分

按行为意图划分，社会角色可分为功利性角色、表现性角色。

1．功利性角色

功利性角色是指以追求效益和实际利益为目的的社会角色。在社会生活中，这类社会角色开展活动的直接目的往往是获得实际的经济利益。

2．表现性角色

表现性角色是指以表现社会制度、社会行为规范、社会价值观念、思想道德等为目的的社会角色。表现性角色不计报酬，或者虽然有报酬但其活动目的不是从获得报酬出发的。

任务实施

分析关于社会角色的案例

【任务背景】

T 村中，有一位年轻的乡村医生——小胡。小胡从医学院毕业后就选择回到这座偏远的乡村，为村民治病，守护村民健康。

T 村地处山区，交通不便，医疗资源匮乏。小胡作为村里唯一的医生，每天要为数位村民看病，从简单的感冒、发烧到复杂的高血压、糖尿病等，他都一一耐心处理。他还经常利用空闲时间，走村串户，为行动不便的老人提供上门服务。

有一次，村里的一位老人突然倒地，情况十分危急。小胡接到消息后，立刻赶到现场进行救治。他迅速判断病情，采取有效的急救措施。随后，他又联系车辆将老人送往县医院进行进一步治疗。由于及时采取救治措施，老人最终脱离了生命危险。

除了医疗工作，小胡还积极参与村里的公共卫生事务，协助村委会开展卫生整治活动，改善村民的生活环境。同时，小胡还定期在村里开展健康讲座，普及医学知识，提高村民的健康意识。

如今，小胡已经在 T 村工作了多年。他守护着村民的健康和安全，激励着更多的人为乡村振兴贡献力量。小胡也用自己的实际行动诠释了乡村医生的职责和担当。

【实施要求】

（1）分析上述案例，并回答以下问题：

① 案例中的小胡体现了社会角色的哪些特点？

② 案例中的小胡扮演了哪些类型的社会角色？

③ 在生活中，你扮演了哪些社会角色？这些社会角色分别具有哪些特点？

（2）整理上述问题的答案。

（3）教师随机挑选几名学生进行课堂分享，并对他们任务实施的成果进行点评。

任务二　掌握社会角色的行为模式

任务导入

快速转换角色，尽快融入社会

2023 年 9 月 19 日上午，广东省梅州市秋季退役士兵全员适应性培训在梅州市开班。全市 300 多名秋季退役士兵参加培训。

为帮助返乡退役士兵尽快适应地方经济社会发展，了解当前就业形势，实现社会角色的快速转换，梅州市退役军人事务局按照相关规定组织开展此次适应性培训。此次培训为期 5 天，以“线下授课+线上学习+专场招聘会”方式进行，内容包括创业就业有关税收政策、保密教育等。该局还邀请了梅州市多名之前退役的士兵分享创业历程，全方位帮助参训学员提高思想政治水平和职业综合素养，了解地方经济社会发展形势、就业创业相关政策，切实增强就业创业能力。

参训学员纷纷表示，适应性培训提供了良好的学习机会和交流平台，他们将尽快转变角色，弘扬部队艰苦奋斗的优良传统和雷厉风行的工作作风，努力在经济社会发展“新战场”上勇立潮头。

“这次培训安排紧凑有序，干货满满，我也将以此次培训为契机，快速转变观念，尽快融入社会。”某参训学员说。该学员还表示，他将永葆军人本色，把人民军队的光荣传统和优良作风带到未来的就业创业中去。

（资料来源：郑炜梅，《快速转换角色尽快融入社会》，《梅州日报》，2023 年 9 月 20 日）

思考：

（1）社会角色的行为模式有哪些？

（2）如何进行角色转换？

行为模式是指个人在扮演特定社会角色时的行为方式和行为逻辑。社会角色的行为模式包括角色学习、角色扮演、角色转换、角色冲突、角色偏差等。

一、角色学习

角色学习是指个人在社会化过程中，掌握社会角色应具备的态度、情感、行为规范、权利、义务、技能等的过程。角色学习的内容主要包括形成角色观念和学习角色技能。

（一）形成角色观念

角色观念是个人在特定的社会关系中，对自己所扮演社会角色的认识、态度和情感的总和。角色观念的内容主要包括角色地位观念、角色义务观念、角色行为观念和角色形象观念等。

1．角色地位观念

角色地位观念是指个人对自己所扮演社会角色的地位的认识。角色地位反映了个人在社会中的地位、权力和责任，角色地位观念对个人确认自身身份、规范自身行为、增强自我认同感和改善社会关系等起着关键作用，能够促进个人适应社会。

2．角色义务观念

角色义务观念是指个人对自己所扮演社会角色的义务、职责等的认识。角色义务观念往往是个人基于社会期望、社会角色要求以及对该社会角色的理解而逐渐形成的，为个人提供了行为规范和指导，同时促使个人增强责任感。

3．角色行为观念

角色行为观念是指个人对自己所扮演社会角色的行为规范和行为方式的认识。在不同的时期，同一社会角色会有许多不同的扮演者，不同的扮演者对社会角色有不同的认识和理解，即角色行为观念不同，可能产生不同的角色行为。此外，社会角色的扮演者表现出来的角色行为可能与社会期待的不完全一致。

4．角色形象观念

角色形象观念是指个人对自己所扮演社会角色应该具有的思想、品格等的认识。角色形象观念往往是个人根据自身经验、社会期望和社会角色要求而形成的，是个人对于社会角色的主观理解和感知。通过理解角色形象，形成角色观念，个人能更准确地把握社会角色的要求，提升自己对社会角色的胜任能力。

（二）学习角色技能

个人可通过观察、模仿和实践来习得扮演某一个或几个社会角色所需的技能。学习角色技能通常包括以下步骤：

（1）通过观察目标角色的态度和言行举止，深入理解该目标角色在特定情境下的社会期望和行为模式，从而学习该目标角色应具备的相关技能。

（2）积极参与和目标角色相关的活动，将学习到的角色技能应用于实践活动，从而熟练掌握这些技能。

（3）认真思考并反思和调整这些技能，以不断提升自己扮演特定社会角色的能力。

同步案例

梁某的技能学习之路

梁某作为第45届世界技能大赛电子技术项目的冠军，他的成功并非一蹴而就，而是源自他对提升技能的执着追求和对实现梦想的坚定信念。

梁某在中考时没有发挥好，因而没有继续上学，跟着亲戚四处打工。随着年龄的增长，梁某认识到，这样的生活既无法让他获得稳定的收入，也无法让他得到提升。于是，他选择重回学校“充电”，学习电机电器装配与维修专业，提高自己的电子技术技能，成为一名技能型人才。

回到学校后，梁某非常珍惜学习机会。他深知自己与同学的差距，于是加倍努力。除了在课堂上认真学习理论知识，梁某还积极参加各种实践操作活动，不断提高自己的实操技能。后来，他凭借优异的成绩入选了学校的竞赛集训队。

在集训队，梁某更加严格要求自己。在每次训练中，他都尽力做到最好，不留任何遗憾。经过无数个日夜的苦练，梁某练就了过硬的技术本领，最终一路过关斩将，在第45届世界技能大赛上夺得电子技术项目的金牌。

技能改变人生、技能改变命运、技能改变生活。梁某表示，他会继续发扬工匠精神，保持“干劲、钻劲、拼劲、闯劲”，用过硬的技术本领和严谨的职业操守，在青春的赛道上奋力奔跑。

（资料来源：李国，《从世界冠军到工匠之师》，《工人日报》，2022年9月5日）

二、角色扮演

（一）角色扮演的定义

角色扮演是指个人将自己暂时置身于他人的社会位置，并按照这一社会位置所要求的方式和态度行事，以增进对处于该社会位置的社会角色的理解和对自己所担任社会角色的认识，进而更好地担任自己的社会角色的过程。

角色扮演意味着个人临时扮演其他社会角色，从其他社会角色处习得行为。

（二）角色扮演的作用

角色扮演的作用主要包括以下几个方面：

（1）能够增进个人对其他社会角色、自身原有社会角色的理解，从而使个人更好地履行自己的责任和义务。

（2）能够使个人亲身体验其他社会角色，更好地理解他人的处境，了解他人在各种情况下的内心情感，从而提高自己对他人的理解能力、改善自己的人际关系等。

（3）进行长期的角色扮演可以改变个人的心理结构，促使其个性发生实质性的变化。

（4）个人通过角色扮演，积极模仿并学习其他社会角色的行为，能够有效地调整自己的思想、态度和行为，提高自己对社会角色的适应能力。

（三）角色扮演的步骤

角色扮演的步骤一般如下：

（1）认识到人们可以通过角色扮演来应对现实中的挑战。

（2）研究并理解所要扮演的社会角色的身份、背景、社会期望、行为模式、态度和价值观等。

（3）积极投入所要扮演的社会角色中，通过模仿和表演来习得该社会角色的特征和行为模式。

（4）对角色扮演过程进行反思，包括自己的表现如何、是否达到预期效果，以及如何改进自己的表现等。

（5）基于学习和反思，进一步进行角色扮演，从而不断地增进对所扮演的社会角色的理解。

三、角色转换

角色转换是指个人从一个社会角色转变为另一个社会角色的过程。例如，一个人大学毕业后，退出学生角色，进入某企业扮演员工角色。

（一）角色转换产生的原因

角色转换产生的原因是多方面的，主要包括以下几个方面：

（1）个人成长。随着年龄的增长，个人在不同的年龄段需要扮演不同的社会角色。这要求个人不断进行角色转换，以适应成长需要。

（2）社会关系变化。个人在社会中所建立的各种关系发生变化时，会导致角色转换。例如，一个人结婚后，他（她）就从男（女）朋友的社会角色转换为丈夫（妻子）的社会角色。

（3）社会发展。社会的快速发展会对社会角色提出新的要求，为了适应这些新要求，个人需要进行角色转换。

（二）角色转换的注意事项

在进行角色转换时，个人需要注意以下几点：

（1）明确新社会角色的期望和要求，包括职责、义务和社会地位等。

（2）观察与新社会角色相同或相似的社会角色是如何与他人交流和处理问题的，从而学习并掌握新社会角色的行为模式。

（3）反思自己的情感、态度、价值观及行为模式等是否符合要求。

（4）根据他人的反馈和自身的反思，及时调整自己的行为模式，以更好地适应新的社会角色。

以人为本

组织凝聚引导　帮助转变角色——许昌市建立干部荣誉退休制度

为贯彻落实中共中央办公厅印发的《关于加强新时代离退休干部党的建设工作的意见》（中办发〔2022〕31号），进一步规范干部退休工作，许昌市委组织部、许昌市委老干部局联合印发《许昌市干部荣誉退休制度（试行）》。

该文件从组织专题谈话、做好服务衔接、举办荣退仪式、注重教育管理、营造归属氛围、丰富退休生活等六个方面对干部退休工作提出了规范要求，旨在通过组织氛围浓厚、仪式庄重、带着感情和温度的荣誉退休活动，让广大干部能够在退出工作岗位这一重要时刻，感受到组织的关心关爱，并帮助他们完成角色转变，愉快地融入退休生活。

该文件明确，在干部办理退休手续时，相关单位要根据干部管理权限，适时安排领导同志与其进行谈话，鼓励干部退休后，继续保持优良作风，坚持老有所为，在力所能及的范围内继续发光发热；老干部工作者要带着感情和责任，精心精细精准做好服务，实现干部管理从在职到退休无缝衔接；单位应适时举办简洁温馨、富有感情的荣誉退休仪式。

该文件强调，要创新教育学习方式，有针对性地开展党性教育活动，引导退休干部珍惜政治荣誉，做党的纪律规矩的坚定守护者和模范践行者；要强化组织功能，进一步把退休干部党员组织凝聚起来；要保障好学习、活动场所和设施，严肃组织生活，丰富内容形式，增强离退休干部的认同感、归属感。

该文件要求，要充分发挥老干部的政治优势、经验优势、威望优势，积极为退休干部发光发热营造氛围、搭建平台、提供支持；鼓励退休干部参加各级老年大学、老干部活动中心、老干部党校的学习活动，丰富退休生活；积极报备“银发人才”信息，引导退休干部不忘初心、牢记使命，为许昌市经济社会发展再作新贡献、续写新篇章。

（资料来源：王沛森，《组织凝聚引导　帮助转变角色——许昌市建立干部荣誉退休制度》，河南老干部工作网，2022年7月8日）

四、角色冲突

角色冲突是指个人扮演的社会角色包含矛盾的角色期待时所出现的冲突现象，包括社会角色扮演者在角色扮演过程中出现的心理上、行为上的不适应、不协调的状态等。

（一）角色冲突的形式

角色冲突的形式主要有同一社会角色内部的冲突、个人同时扮演多个社会角色时的冲

突、个人为自己设定的社会角色与他人期望的社会角色之间的冲突。

1．同一社会角色内部的冲突

同一社会角色内部的冲突是指个人扮演某一社会角色，但无法同时满足多方面要求时引起的心理矛盾和行为冲突。该冲突表现为不同群体对某一社会角色有不同的要求时，个人在扮演此社会角色时产生的心理困境；或者个人在扮演某一社会角色时，对该社会角色规定的行为有不同的，甚至相反的理解，但必须履行时，其在心理和行为方式上产生的冲突。

2．个人同时扮演多个社会角色时的冲突

个人在同时扮演多个不同的社会角色时，这些社会角色之间可能产生冲突。例如，小马同时扮演母亲、妻子、员工和朋友等多个社会角色，她可能会面临承担家庭责任和获得职业发展之间的冲突，或获得职业发展与照顾朋友之间的冲突等。

3．个人为自己设定的社会角色与他人期望的社会角色之间的冲突

当个人为自己设定的社会角色与他人期望的社会角色之间存在差异时，个人也会产生角色冲突。例如，小李是一名即将毕业的大学生，他为自己设定的社会角色是一家大型企业的员工。然而，小李的父母对他的期望是一所学校的教师。在这种情况下，小李就面临着个人设定的社会角色（大型企业的员工）与他人期望的社会角色（学校的教师）之间的冲突。

你经历过哪种形式的角色冲突？请举例说明。

（二）角色冲突产生的原因

角色冲突产生的原因是复杂而多样的，一般包括以下几个方面。

1．角色压力

角色压力是指个人在扮演多个社会角色时，因社会角色过多或社会角色要求复杂而产生的紧张情绪和心理负担。当扮演多个社会角色时，个人可能存在精力不足、无法完全理解不同社会角色的要求等问题，从而产生角色压力，导致角色冲突。

2．人格特质

人格特质是指一个人表现出的稳定持久的行为倾向。不同的人格特质可能导致个人在扮演不同的社会角色时产生角色冲突。例如，小李性格内向、喜欢独处，是一名业务娴熟的程序员。但在家庭中，父母希望小李是一个性格开朗、善于沟通的孩子，并希望他积极参与家庭活动，与亲友保持密切联系，这让他感到困扰。

3．价值观差异

每个人的价值观不同，且不同的人可能会对同一社会角色有不同的认识、期待和要求，这种差异可能使个人感到困惑、焦虑，从而导致角色冲突。

4．利益冲突

利益冲突是指个人在扮演不同社会角色时，由于不同社会角色代表的利益不同而产生的角色冲突。例如，一个人同时担任公司经理和工会代表，他可能因这两个社会角色的利益不同而产生角色冲突。

（三）缓解角色冲突的方法

缓解角色冲突的方法主要有角色规范法、角色合并法和角色层次法。

1．角色规范法

角色规范法是指个人对社会角色的权利和义务进行清楚的划分，以协调不同社会角色之间的冲突的方法。其具体步骤如下：

（1）熟悉社会角色内涵，即对各社会角色所处的位置、所具备的职能、应承担的责任、基本的权利和义务等进行深入了解。

（2）明确社会角色规范，即明确各社会角色的具体行为准则和社会期望。

（3）调整社会角色行为，即根据不同的社会角色规范，在扮演不同的社会角色时，对自己的行为进行监督、评估，并不断调整自己的行为，使自己逐渐适应社会角色。

2．角色合并法

角色合并法是指个人将两个或多个产生冲突的社会角色合并为一个社会角色，以减少角色冲突的方法。其具体步骤如下：

（1）识别社会角色，即明确个人所扮演的所有社会角色。

（2）整合社会角色要求，即确定可以进行整合的社会角色，梳理其要求、条件等，并将相近或相似的社会角色合并。

（3）重新定义社会角色，即明确新社会角色的名称、职责范围、行为准则、社会期望等，从而确保自己能够清晰地理解新社会角色的定位和要求。

3．角色层次法

角色层次法是指依据各社会角色的重要性，对各社会角色进行排序的方法。其具体步骤如下：

（1）确定角色层次。个人依据扮演某社会角色对自己的意义、自己不扮演该社会角色的结果和周围人对自己拒绝扮演该社会角色的反应等，将产生冲突的社会角色按重要程度进行排列，将最重要的社会角色排在首位，其余依次排序。

（2）合理分配资源。个人对排好序的社会角色进行合理的时间和精力分配，并首先关注最重要的社会角色。

（3）灵活调整层次。随着实际情况的变化，个人应灵活调整各个社会角色的排列顺序，以使自己适应不同的情境。

五、角色偏差

角色偏差是指个人没有按照所扮演的社会角色的期望行动，而是做出了与这个社会角色不相符的行为。

（一）角色偏差的类型

角色偏差的类型主要有以下几个：

（1）行动偏差，即个人做出违反社会规范的行为，如违法行为。

（2）习惯偏差，即个人在扮演某一社会角色时，经常表现出与社会期望不符的行为习惯。

（3）人格偏差，即个人由于人格不正常而无法与他人进行有效的社会互动，无法正常扮演社会角色。

（4）群体或组织偏差，即一个群体或组织的内部成员共同遵循与社会期望不符的行为规范。

（5）次级文化偏差，即某些人群所遵循的特殊文化标准，违反了大多数人所遵循的文化标准。

（二）角色偏差产生的原因

个人产生角色偏差的原因主要包括以下两个：

（1）个人受到价值观、信仰等因素的影响，缺乏对自身所扮演社会角色的清晰认识，对社会角色的理解产生偏差，导致行为产生偏差。

（2）个人在扮演社会角色时感到压力，产生焦虑或不安情绪，从而影响自己对角色行为模式的理解和把握。

个人要避免产生角色偏差，应进行自我审视和明确社会期望，对自身行为与心态进行不断调整，使自己的行为符合社会规范。

“演员”陶女士因何出现角色偏差

任务实施

分享感动中国十大人物案例

【任务背景】

春风拨清音——刘玲琍：眼耳鼻舌身意，色香声味触法，用尽所有，为生命解锁。她从命运那里夺回一副又一副翅膀，带领孩子们飞离寂静的牢笼。听，每一个新的发音，都打开一个新的世界。

报国胸襟阔——张连钢：这一块好钢，用到了刀刃上。把买不来的做出来，还要做到最快、最强、最智能，天降大任于己，何惜筋骨体肤，唯心志所向，百折不回。中国式现代化之路，就是这样走出来的！

……

这些人物在工作中无私奉献、勇敢坚强、奋力拼搏，散发出耀眼的光芒。了解他们的事迹，分析他们所扮演的社会角色，有助于我们进一步了解社会角色的行为模式。

（资料来源：《感动中国 2023 年度人物盛典》，央视网，2024 年 4 月 7 日）

【实施要求】

（1）学生自由分组，每组 5～6 人，并选出一名小组长。

（2）各小组从近 5 年感动中国十大人物中挑选一位人物，收集其相关资料（如人物基本信息、主要事迹等），并分析其扮演的社会角色及其行为模式。

（3）各小组将所收集的资料和分析的结果制作成视频。

（4）小组长进行课堂分享，教师进行点评。

学习成果自测

1. 填空题

（1）社会角色具有____________、____________、____________、具体性等特点。

（2）按存在形态划分，社会角色可分为____________、____________、____________。

（3）____________是指个人与生俱来的，在成长过程中自然获得或被社会指定的社会角色。

（4）缓解角色冲突的方法有____________、____________和____________。

2. 选择题

（1）按（　　）划分，社会角色可分为功利性角色和表现性角色。

A. 获得方式　　B. 行为意图

C. 权力地位　　D. 规范化程度

（2）下列选项中，（　　）属于按权利地位划分的社会角色。

A. 支配角色、受支配角色

B. 规定性角色、开放性角色

C. 领悟角色、实践角色

D. 先赋角色、自致角色

（3）角色转换产生的原因不包括（　　）。

A. 个人成长　　B. 社会发展

C. 社会关系变化　　D. 人格特质

（4）下列选项中，（　　）不属于角色观念的内容。

A. 角色地位观念　　B. 角色扮演观念

C. 角色义务观念　　D. 角色形象观念

（5）个人在同时扮演多个不同的社会角色时，这些社会角色之间可能产生冲突。这属于角色冲突形式中的（　　）。

A．同一社会角色内部的冲突

B．个人为自己设定的社会角色与他人期望的社会角色之间的冲突

C．个人所扮演的社会角色与他人所扮演的社会角色之前的冲突

D．个人同时扮演多个社会角色时的冲突

3．简答题

（1）简述社会角色的定义。

（2）简述角色扮演的步骤。

（3）简述角色偏差的类型。

学习成果评价

请进行学习成果评价，并将评价结果填入表 3-1 中。

表 3-1　学习成果评价表

班级：________　姓名：________　学号：________

评价项目	评价内容	分值	评分	
			自我评分	教师评分
知识（40%）	社会角色的定义、特点与类型	20		
	角色学习与角色扮演	10		
	角色转换、角色冲突与角色偏差	10		
技能（40%）	能够区分社会角色的类型	20		
	能够说明如何进行角色学习，缓解角色冲突	20		
素养（20%）	积极学习，主动思考、讨论	5		
	具备团队精神，积极与他人合作	5		
	认识不同的社会角色，尊重、理解他人的行为，培养同理心	5		
	增强责任感，主动承担自己的职责，为维护社会的和谐发展贡献力量	5		
合计		100		
自我评价				
教师评价				

项目四
社会认知

项目引言

在社会生活中，个人会不断地接触新事物，并产生一定的社会认知，这种社会认知会对人们的生活、学习和工作产生重要影响。学习社会认知的相关知识，有助于更好地认识他人、理解和应对社会现象、增强自我认知和自我调节能力、增进人际交往、满足情感需要和促进身心健康发展等。

知识目标

- 了解社会认知的定义、特点与内容。
- 掌握社会认知的影响因素。
- 掌握社会认知的基本过程。

素质目标

- 学会全面地看待社会事物，培养全局观。
- 学会换位思考，理解他人的行为、需求和期望，维持良好的人际关系。

任务一 了解社会认知

任务导入

我眼中的审计工作者

我是一名审计工作者，我发现审计工作者是一群可爱可敬的人。

审计工作者因为工作需要，会经常外出。每一次外出工作，审计工作者都对家人充满了愧疚，因为他们无暇照顾家人。他们用小小的身躯扛起大大的责任，履行着审计职责，坚守着审计使命，完成着审计任务，实现着审计目标，树立着审计形象。这群人，始终怀揣为国而审、为民而计的拳拳赤子心，始终秉承“牺牲小家为大家，牺牲小我为大我”的凛凛“铁军”情。

曾经有一位前辈跟我说：“我们的审计干部无一不是踏踏实实做好审计工作的，无一计较自己的付出与回报是不是对等的，无一不是坚守审计初心的。”对此，我感悟颇深。

“一代人有一代人的使命，一代人有一代人的担当。”作为年轻审计工作者，我们应向老一辈审计工作者学习，传承审计精神，锤炼审计本领，敢于创新，勇于奉献，用青春和热血书写审计情怀、承担审计使命。从审计工作的“门外汉”成长为审计工作的“主力军”，这中间有长长的路要走，我们要用踏实的脚步去丈量，要敢于与风浪搏击。

我能有幸成为审计队伍中的一员，是一件值得骄傲一辈子的事情！

（资料来源：魏雯婷，《我眼中的他们》，平凉市审计局官网，2023 年 7 月 25 日）

思考：

（1）什么是社会认知？

（2）社会认知的内容有哪些？

（3）上述案例体现了社会认知的哪些内容？

一、社会认知的定义

社会认知是指个人对他人、人际关系、社会情境等社会客体的认识过程和结果。具体而言，社会认知具有以下内涵：

（1）社会认知主要以各类社会客体为认知对象。

（2）社会认知是个人理解和思考认知对象的活动。个人不是被动地接受关于认知对象的信息，而是会对认知对象的相关信息进行加工、储存、提取和应用等。

（3）个人对认知对象进行推测、判断、理解后，会形成一定的社会认知结果。

（4）社会认知是个人在受到认知对象的刺激时产生的。例如，个人在听到他人说出与自己相关的事情时，会进行一定的思考，并获得相应的结果。

二、社会认知的特点

社会认知具有互动性、选择性、整体性等特点。

（一）互动性

个人既是社会认知的主体，也是社会认知的客体，并且在认知社会客体的同时，也受到社会客体的影响。例如，个人在认识他人时，会受到他人语言、行为、态度等的影响。

（二）选择性

在面对各种事物时，个人会根据自己的认知结构、生活经验，选择与自己相关或自己感兴趣的事物作为认知对象。如果某事物与自己相关或自己对其感兴趣，个人就会选择它作为认知对象；如果某事物与自己无关或自己对其不感兴趣，个人一般会对其置之不理。

（三）整体性

在社会认知过程中，个人会从多角度、多层面了解认知对象，从而对认知对象形成完整的印象。例如，在面试（见图 4-1）中，面试官不仅会关注应聘者的简历，还会关注应聘者的外貌、言谈举止等，从而从整体上认知对方。

图 4-1　面试

林某的识人技巧

林某是某企业的人事经理，为企业招聘了很多人才。从多年的工作中，他总结了以

下一些在面试过程中的识人技巧：

（1）如果应聘者适度表现出谦虚的态度，那么他可能是个要强的人，且他的执行力比较强。

（2）如果应聘者对很多事情的判断都倾向于消极，那么他可能是个行动力不足的人，在团队工作中容易拖后腿。

（3）如果应聘者在自我评价时，说自己不合群或者比较慢热，那么他可能是个做事目的性很强的人。

（4）如果应聘者的表现较为从容，那么他可能是个具有较强能力或者家境较好的人。

（5）如果应聘者有成功减肥或戒烟的经历，那么他可能是个有很强自制力的人。

（6）如果应聘者总是说自己的朋友能力非常强或者有很好的工作等，那么他可能是个能力不足且爱面子的人。

（7）如果应聘者经常自己做饭，那么他可能是个比较有耐心且善于处理复杂关系和事务的人。

（8）如果应聘者在表达过程中总是以“我”字开头，那么他可能是个掌控欲望较强、以自我为中心的人。

（9）如果应聘者在面试时支支吾吾、畏畏缩缩，而出了面试间后神情轻松、步态轻盈，那么他可能是个安于现状的人。

（10）如果应聘者会随手关门、点头示意，那么他可能是个心思细腻、会为人着想的人。

（11）如果应聘者在被冒犯时第一时间向面试官表达意见，那么他可能是个直率的人，并且有很强的判断力。

（12）如果应聘者一直眼神温和，那么他可能是个不擅长管理的人。

三、社会认知的内容

社会认知的内容非常多，主要包括对他人的认知、对人际关系的认知和对社会情境的认知等。

（一）对他人的认知

认知他人是个人进行社会认知的一个重要内容。对他人的认知主要包括对他人的外表、言行举止、情绪情感、性格等的认知。

1．对他人外表的认知

个人在接触他人时，首先会关注他人的外表，从他人的穿衣打扮等方面形成对他人的初步认知。例如，当团队中有新成员加入时（见图 4-2），团队成员会从该新成员的服饰、发型、妆容等方面对其进行初步认知。

图 4-2　团队加入新成员

课堂互动

在接触新同学时，你一般是从哪些方面去认识对方的？请举例说明。

2．对他人言行举止的认知

个人会从他人的语言、行为等方面判断他人的言行举止是否符合规范，进而了解他人的修养和道德品质等。一般而言，对于语言、行为粗鲁的人，人们会认为其缺乏修养；对于注重社交礼仪和言行举止有度的人，人们会认为其具有良好的修养。

3．对他人情绪情感的认知

个人会从他人的面部表情、语言表达等方面来判断和了解他人的情绪和情感。一般而言，微笑表示开心，皱眉和紧闭嘴巴表示焦虑或不安，眼神黯淡表示悲伤、失望或不安，等等。

4．对他人性格的认知

个人往往会从他人的言谈举止、成长经历、对社会现实的态度等方面来分析和了解他人的性格。例如，在工作中，小辉发现小丽总是耐心倾听他人讲话，对待同事很温和，小辉因此认为小丽是一个温柔体贴的人。

（二）对人际关系的认知

在社会生活中，个人通常会根据多种因素（如情绪、态度等）来推测人与人之间的关系。对人际关系的认知包括对自己与他人关系的认知、对他人之间关系的认知等。

（三）对社会情境的认知

社会情境是人们在社会互动中所处的具体环境。当处于某个社会情境中时，个人一般会主动对该社会情境中的物理环境、社交规则、文化背景、环境氛围等进行了解和认识。

社会情境会影响个人的思想和行为，个人也会根据所处的社会情境调整自己的思想和行为。例如，在一个竞争激烈的环境中，个人会评估自己的能力，并据此制订合适的竞争策略。

任务实施

分析自己对他人、人际关系的认知

【任务背景】

在社会生活中，我们会结识不同的人，会与不同的人产生一定的人际关系。那么，我们是如何认知他人的呢？我们又是如何认知自己与他人关系的呢？

【实施要求】

（1）选择一个自己熟悉的人（如某个亲人、朋友），并回答以下问题：

① 你是从哪些方面认知该人的？

② 你对该人的认知有哪些特点？

③ 你与该人之间存在哪些关系？

④ 你对自己与该人之间的关系的认知有哪些特点？

（2）整理上述问题的答案。

（3）教师随机挑选几名学生进行课堂分享，并对他们任务实施的成果进行点评。

任务二　掌握社会认知的影响因素

任务导入

何不食肉糜

西晋时期，有一年闹饥荒，百姓没有粮食吃，许多百姓活活饿死。晋惠帝知道后说："何不食肉糜？"意思是，没有粮食吃，为什么不喝肉粥呢？

晋惠帝长期生活在皇宫之中，与外面的世界相隔绝，对百姓的真实生活状况缺乏认知。这种缺乏社会认知的状况，使得他难以真正理解百姓所面临的困境。

影响晋惠帝社会认知的因素

思考：

（1）社会认知的影响因素有哪些？

（2）上述案例中，晋惠帝的社会认知受到了哪些因素的影响？

社会认知的影响因素可分为主体因素和客体因素两类。

一、影响社会认知的主体因素

影响社会认知的主体因素主要包括原有经验、价值观念、情感状态、文化背景和认知偏差等。

（一）原有经验

个人在以往的生活和学习过程中积累了一定的经验，在了解认知对象时，往往会基于原有经验。例如，一个有过创业成功经验的人，在面对新的商业机会时，可能会基于以往的成功经验，来评估创业方案的可行性和存在的风险。

摒弃“经验论”

在做某件事情获得成功后，个人会对做该件事情产生一定的认知，之后再遇到类似的事情时，往往会根据自己的成功经验来采取行动，以达到事半功倍的效果。但是一味根据经验处理事情，不仅不利于创造新事物，还会导致失败。因此，在实际生活中，个人应摒弃“经验论”。

要摒弃“经验论”，个人可从以下几个方面做起：

（1）树立终身学习观。在日常生活中，个人应多看书（见图 4-3），积极学习理论知识，提高理论知识水平；多参与社会实践，掌握处理各种事情的方法，切实提高实践能力；多听他人的建议，切忌闭目塞听、讳疾忌医。

图 4-3　看书

（2）增强做事情的勇气。个人应积极向上，敢闯敢拼，面对困难无所畏惧，积极、大胆地创造新事物。

（3）多思、多想，多用创新思维。遇到问题时，个人要多思考解决方案，而不是一味地凭借经验解决问题。同时，个人要用创新思维去思考和解决问题。

（二）价值观念

价值观念不同，认知对象对个人的意义或重要程度不同，认知结果也不同。例如，一个环保主义者将保护自然环境作为最高价值追求，在面对一项可能对环境造成破坏的工业项目时，他可能会认为该项目的重要性极低，并反对实施该项目。

（三）情感状态

个人的情感状态会影响其社会认知的结果。处于积极情感状态的人，可能会更加乐观地看待认知对象，更易于发现认知对象的价值和意义；处于消极情感状态的人，则可能持悲观态度，对认知对象进行消极解读。例如，一个人在心情好时看舞狮子表演（见图 4-4），他可能会认为现场气氛热闹、表演精彩、表演者技艺高超等；而在心情不好时，他可能会认为现场吵闹、效果不好。

图 4-4　舞狮子表演

（四）文化背景

个人的文化背景会影响个人对认知对象的看法、理解等。例如，在我国，从小受到儒家文化熏陶的人，会根据儒家文化中的仁、义、礼、智、信、恕、忠、孝、悌等对认知对象进行道德判断和情感判断。

（五）认知偏差

认知偏差是指个人在认知他人或社会情境等时，由自身能力有限或外部环境影响，导致认知结果失真的现象。例如，个人可能因首因效应和近因效应而根据认知对象的最初或最近的信息，对认知对象进行判断和理解；个人可能因刻板印象和晕轮效应而无法全面、准确地了解认知对象的真实情况。

小贴士

首因效应是指在社会交往中，针对同一认知对象，个人最初得到的信息比后续得到的信息对自己形成整体印象和态度会产生较大影响的现象。

近因效应是指在社会交往中，针对同一认知对象，个人新近得到的信息比以往得到的信息对自己形成整体印象和态度会产生较强作用的现象。

刻板印象是指个人对于某些特定类型的人、事、物的概括化、固定化的看法，如成见、先入为主等。

晕轮效应是指个人从认知对象的某个特别突出的特征泛化到其他特征，从而对认知对象形成整体印象的现象。

以人为本

李某的教学方式

刚成为一名教师时，李某根据自己的学习经历和对学生的期望，将每天的教学计划做得满满当当的。她带着学生背课文、练习普通话、临摹字帖……但一个学期下来，教学效果却不尽如人意。直到新学期开始时，李某才从家访中了解到她的学生大部分都是留守儿童。

李某说："经过反思，我意识到之前的教学方式并不适合我的学生们。"李某认为，比起成绩优秀，她的学生们更需要情感寄托。

于是，李某开始探索新的教学方式。例如，她鼓励学生们用写作文的形式，将真挚、强烈的情感表达出来。慢慢地，学生们开始喜欢上了写作文。又如，她带领学生们阅读抒情散文，与学生们一起领悟父母与子女之间的爱，渐渐地，学生们也喜欢上了阅读。

"在上学时，老师们常说，好的教师可以成为学生们认识世界的一扇窗口。"李某说，"教师既应是传授知识的教书匠，更应是学生成长的陪伴者、梦想的守护者和思想的引领者。"

二、影响社会认知的客体因素

影响社会认知的客体因素主要有认知对象的外表、知名度、自我表演方式，以及人际距离和社会环境等。

（一）认知对象的外表

认知对象的外表往往是最直观且能迅速被人捕捉的部分。若认知对象是人，个人往往会根据其外貌来初步判断其性格、能力、修养等。例如，说话铿锵有力且充满自信、举止从容有度的人往往更容易被认为是具有较强能力的人。若认知对象是物，个人往往会根据其外表来初步判断其价值、功能或质量等。

（二）认知对象的知名度

认知对象知名度的高低，影响着别人对他的认知程度。对于一个具有较高知名度的人，人们可以通过其他人所传递的有关他的信息，在正式结识他之前就对他有一定的了解，并据此对他形成一定的认知。

（三）认知对象的自我表演方式

在社会互动中，人们往往会根据自己的意愿或具体社会情境，选择性地展现自己的某些方面，同时隐藏或淡化其他方面，塑造出更符合自己期望的社会形象，以此来影响他人对自己的认知。当一个人经常在人前表现出不真实的一面时，他人往往难以获得关于此人的真实认知结果。

（四）人际距离

人际距离是指人与人之间由于亲密程度不同，在面对面交往时所保持的空间距离。人际距离影响个人社会认知的准确性和全面性。较近的人际距离能够促进双方深入交流，形成全面准确的认知结果；而较远的人际距离不利于双方传递信息，可能导致片面认知或偏见。

美国人类学家霍尔以个人与他人之间的空间距离为标准，将人际距离划分为以下 4 个层级：

（1）亲近距离（0～0.46 米），即个人与家人、密友进行亲密互动的距离。

（2）个人距离（0.46～1.22 米），即个人与伙伴进行较为亲密的接触和交谈的距离，如图 4-5 所示。

图 4-5　个人距离

（3）社交距离（1.22～3.66 米），即保持安全而礼貌的社会交际的距离。

（4）公共距离（3.66～7.62 米），即远距离大声对话，实现有效沟通的距离。

（五）社会环境

政治制度与状况、经济制度与状况、法制建设状况、科技发展水平、教育水平、社会风俗习惯等社会环境，都会影响个人的社会认知。

任务实施

分享认知社会客体的影响因素

【任务背景】

不同的人对于不同的社会客体会有不同的认知，对于同一社会客体也会有不同的认知。例如，对于父母的认知，有的人可能认为父母严厉，有的人可能认为父母慈爱。又如，对于儿童上兴趣班的认知，有的人可能认为儿童上兴趣班可以探索兴趣爱好、培养特长，有的人可能认为儿童上兴趣班可以交到更多朋友、增强社交能力，有的人可能认为儿童上兴趣班会减少休息时间、增加学习负担……

那么，面对同一社会客体，我们会从哪些方面对其进行认知呢？在认知这些社会客体的过程中，我们受到了哪些因素的影响呢？

【实施要求】

（1）学生自由分组，每组 5～6 人，并选出一名小组长。

（2）各小组选择一个社会客体（如某位老师、科学家，某座博物馆，某个景区等）进行了解。

（3）各小组的成员分别写下自己对该社会客体的认知，并回答以下问题：

① 哪些因素对你认知该社会客体产生较大的影响？

② 这些因素是如何对你的认知过程和认知结果产生影响的？

（4）各小组的成员轮流分享自己的答案。各小组将成员的分享过程拍摄成视频，并进行简单加工。

（5）小组长进行课堂分享，教师进行点评。

任务三　掌握社会认知的基本过程

任务导入

小林竞选学生会主席

小林是一名大二学生，他怀揣着服务同学的热情，加入了学校的学生会。当听闻要进行学生会主席换届竞选时，他决定挑战自我，参与竞选。

在准备过程中，小林积极与同学交流，倾听他们的意见，了解他们对学生会的期望，并做好笔记。同时，小林也密切关注其他候选人的动态，主动收集关于其他候选人的信息，并观察他们在学生会活动中的表现，分析他们的优势和劣势。

在竞选过程中，小林讲述了自己对于学生会工作的理解和愿景，展示了事先精心策划的富有创意的校园活动，得到了很多同学的支持。同时，小林还分享了自己过去在学生会的工作经验和成果，让同学们看到了他的能力和潜力。

此外，由于小林在日常生活中喜欢交朋友，性格开朗，为人大方，因此有很多朋友都来到竞选现场支持他。

最终，小林成功当选学生会主席。

思考：

（1）社会认知的基本过程有哪些？

（2）社会印象管理的策略有哪些？

（3）上述案例中，小林是如何进行社会印象管理的？

社会认知的基本过程包括产生社会知觉、形成社会印象、进行社会判断。

一、产生社会知觉

（一）社会知觉的特点

什么是社会知觉

社会知觉是指个人对各种认知对象的初步察觉。其主要具有以下特点：

（1）选择性。个人会根据自身的需要、兴趣、态度和经验，以及认知对象的特征、性质和对社会的意义等，有选择地注意、解释和评价认知对象。

（2）情绪性。个人在了解认知对象的过程中会产生一定的情绪体验。情绪反应强烈时，个人的社会认知不可避免地会受到影响。

（3）控制性。在了解认知对象时，个人会对自己社会知觉的情绪反应、情绪影响等进行一定的控制。

（二）社会知觉的内容

社会知觉的内容主要包括以下几个：

（1）人际知觉，是指个人对他人的认知。人际知觉的形成方式主要包括以下几个：① 认同作用，即通过把自己等同于他人而理解他人；② 社会心理反射，即通过为他人考虑而理解他人；③ 同情，即通过与他人产生情感共鸣而理解他人；④ 定型化，即通过把某群体的特点加到他人身上而认识他人。

（2）自我知觉，是指个人对自己的认知。个人在认知他人的同时，也会对自己产生一定的认知。一般而言，个人对他人的认知越全面、越深刻，对自己的认知也就越全面、越深刻。

（3）群际知觉，是指一个群体对另一个群体的认知。群际知觉具有整合性、稳定性、情绪性和评价倾向性等特点。

二、形成社会印象

社会印象是指个人依据自己已有的经验和当前的有限信息，对认知对象的相关信息进行分析、归类、综合后形成的对认知对象的概念。社会印象是个人在产生社会知觉的基础上形成的。

（一）社会印象的形成模式

社会印象的形成模式主要有加法模式和平均模式。

1．加法模式

加法模式是指个人将认知对象的各种单个特质相加，从而形成对认知对象整体印象的模式。以人为例，个人将自己对他人各种品质的认知相加，肯定评价的品质越多，个人对此人的印象越好；肯定评价的品质越少，个人对此人的印象越差。

2．平均模式

平均模式是指个人将认知对象的各种单个特质相加后进行平均，从而形成对认知对象整体印象的模式。以人为例，个人将自己对他人各种品质的认知相加后加以平均，根据平均后的认知形成对此人的整体印象。

（二）社会印象的管理

作为认知者，个人应对认知对象形成正确的印象，才能更好地适应社会。作为被认知者，个人应做好社会印象管理，争取在他人心中留下良好的印象，才能获得他人的良好评价。

1．社会印象管理的影响因素

个人在进行社会印象管理时，会受到各种因素的影响。这些因素可分为个人因素和环境

因素，具体如下：

（1）个人因素。个人的性格、动机、价值观等会影响自身进行印象管理的方式和结果。

（2）环境因素。在不同的社会环境中，个人需要根据所处的具体环境，如企业环境、家庭环境等，采取不同的印象管理策略，以扮演好不同的社会角色。

2．社会印象管理的策略

采取有效的社会印象管理策略，有助于自己给他人留下良好的社会印象。社会印象管理的主要策略如下：

（1）美化自我，即个人通过美化自身外表、语言、行为举止等来展现自身的魅力和优势，增强自己的吸引力，给他人留下良好的印象。

（2）美化他人，即个人通过赞美、肯定或帮助他人来引发他人积极的情绪反应，从而赢得他人的好感和信任，并给他人留下良好的印象。

课堂互动

有的人在拜访亲友时会美化自我，有的人在想加入某群体时会美化他人……你在什么时候会美化自我？在什么时候美化他人？

同步案例

一名职场新人的社会印象管理

小果是一名应届毕业生，新入职一家互联网公司，负责产品运营工作。小果是一名积极进取的女孩，她将“一年后成为部门小组长”定为自己的短期奋斗目标。为了实现自己的目标，小果决定在日常工作中做好社会印象管理，以赢得领导和其他同事的支持。具体而言，小果主要做了以下几个方面的工作：

（1）充分展现专业能力。在日常工作中，小果积极运用自己的专业知识解决问题，从而展现自己的专业能力，树立良好的个人形象。例如，在一次重要产品的推广活动策划中，她深入研究产品市场的发展趋势和竞争对手的产品市场策略，提出了具有创新性的方案，成功吸引了领导和其他同事的关注，并树立了专业、有能力的个人形象。

（2）对待工作认真负责。对于每次提交的报告和方案，小果都会反复检查，确保数据准确、内容完整。在一次重要的项目汇报之前，她发现报告中的一处数据存在细微偏差，于是她立即重新核对所有数据，并加班到深夜。这让领导看到了她对工作认真负责的态度。

（3）积极参与团队协作。在与同事合作的过程中，她总是耐心倾听团队成员的意见，与团队成员一起解决问题。

(4) 加强与领导之间的沟通与交流。小果会定期向领导汇报工作进展和成果，在工作中也会主动寻求领导的指导和建议。此外，在与领导沟通与交流的过程中，她非常注重语言表达的清晰度和逻辑性，尽量以简洁的语言表达出中心思想或说明重要问题。通过加强与领导之间的沟通与交流，小果与领导之间建立了良好的信任关系，领导对她的工作能力和职业素养也有了更深入的了解。

(5) 积极参与演讲比赛、经验分享会、研讨会等公司活动。在参与这些活动的过程中，小果尽量展现自己自信、沉着、勇敢的一面，并积极向大家分享她自己努力掌握的行业新动态、新知识、新方法等，她也因此成为同事眼中的行业知识专家。

一年后，在部门小组长竞选现场，小果身着职业装，化着淡妆，非常自信地站在领导面前展示自己精心准备的竞选报告，获得了领导们的认可和赞赏。

凭借有效的印象管理策略和在竞选过程中的优秀表现，小果成功当选部门小组长。此外，由于在同事心中树立了专业、负责、有领导力的良好形象，因此她也得到了同事的一致认可和支持。

三、进行社会判断

社会判断是在社会知觉和社会印象的基础上对认知对象的本质或变化的反映。

（一）社会判断的步骤

社会判断的步骤一般包括收集信息、分析信息、得出结论等。

1. 收集信息

个人需要明确认知对象，然后通过各种渠道（如书籍、报纸、互联网等）收集与认知对象相关的信息，确保信息的多样性和全面性。

2. 分析信息

个人需要对收集到的信息进行整理，去除重复和无关的信息，并运用推理、判断等方法，借助统计工具来分析各信息之间的内在联系和潜在规律，从而全面地了解认知对象。

3. 得出结论

个人根据之前的信息进行归因分析，形成对认知对象的明确判断，最终得出结论。

（二）归因理论

归因是指个人从主观感受与经验出发，对自己或他人的行为原因进行推论的认知过程。归因理论是探讨人们行为原因的各种理论与方法的总称，是进行社会判断的重要方法。归因理论主要有以下几个。

1. 海德归因理论

奥地利社会心理学家海德把行为的原因分为内归因和外归因两种。内归因亦称素质归因，是指将行为归因于人格、品质、动机、态度、情绪、心境、努力程度等内部条件；外归

因亦称情境归因，是指将行为归因于背景、机遇、他人影响、工作任务难度等外部条件。

2．三维归因理论

美国心理学家凯利认为，人们可以通过检查三种独立维度的信息，对行为进行归因，寻求规律，确定因果关系。这三种信息分别是一致性信息、一贯性信息和特异性信息，分别对应行为者、行为对象和行为场合。以教师批评学生的归因为例，如果每个教师都批评学生甲，则这些教师的行为具有很高的一致性；如果教师乙总是批评学生甲，则该教师的行为一贯性高；如果教师乙在一定的情况下批评学生甲，而不批评其他学生，则该教师的行为特异性高。这三种信息可以帮助找出教师乙批评学生甲的真正原因。

3．动机归因理论

动机归因理论由美国社会心理学家韦纳提出。该理论从以下三个维度分析行为的原因：① 控制点，即人们认为成功或失败的原因是出于内部的还是出于外部的；② 稳定性，即行为的原因是稳定的还是可变的；③ 控制性，即行为的原因是可控制的还是不可控制的。由于动机归因理论主要将个人原因作为成功或失败的归因，其涉及个性特质和动机，因此又称成就动机归因理论或个人归因理论。

任务实施

分享关于社会认知的电影

【任务背景】

电影《掬水月在手》记录了中国古典诗词大师的传奇人生。该电影通过介绍主人公将自己的一生与中国古典诗词交织在一起的故事，展现了主人公在诗词长河中追寻生命价值的过程。

电影《我的喜马拉雅》讲述了主人公父女两代人在常人难以忍受的艰苦环境下，守边卫国的故事。

电影《守岛人》讲述了主人公夫妇守护祖国边陲小岛的故事，从不同侧面展现了主人公丰富的内心世界和“守岛就是守国”的家国情怀。

……

很多优秀的电影中都展现了主人公的社会认知，分享有关社会认知的电影，有助于我们进一步了解社会认知。

【实施要求】

（1）学生自由分组，每组 5～6 人，并选出一名小组长。

（2）各小组选择某部电影，分析主人公进行社会认知的过程，并分享观看电影后的思想感悟。所选电影的主题、思想和内容应积极向上，无不良导向。

（3）各小组将电影介绍、理论分析、思想感悟等制作成视频。

（4）小组长进行课堂分享，教师进行点评。

学习成果自测

1. 填空题

（1）社会认知具有_________、_________、整体性等特点。

（2）社会认知的内容非常多，主要包括对他人的认知、对人际关系的认知和_________。

（3）社会认知的基本过程包括_________、_________、_________。

2. 选择题

（1）影响社会认知的主体因素不包括（　　）。

A．情感状态　　B．原有经验

C．认知偏差　　D．人际距离

（2）个人与家人、密友进行亲密互动的距离，属于（　　）。

A．个人距离　　B．亲近距离

C．公共距离　　D．社交距离

（3）人际知觉的形成方式不包括（　　）。

A．认同作用　　B．同情

C．模仿　　D．定型化

（4）（　　）是指个人将认知对象的各种单个特质相加后进行平均，从而形成对认知对象的整体印象的模式。

A．平均模式　　B．减法模式

C．加法模式　　D．加权平均模式

3. 简答题

（1）简述社会认知的定义。

（2）简述社会印象管理的策略。

（3）简述归因理论。

学习成果评价

请进行学习成果评价，并将评价结果填入表 4-1 中。

表 4-1　学习成果评价表

班级：________________　　姓名：________________　　学号：________________

<table>
<tr><th rowspan="2">评价项目</th><th rowspan="2">评价内容</th><th rowspan="2">分值</th><th colspan="2">评分</th></tr>
<tr><th>自我评分</th><th>教师评分</th></tr>
<tr><td rowspan="3">知识
（40%）</td><td>社会认知的定义、特点与内容</td><td>15</td><td></td><td></td></tr>
<tr><td>社会认知的影响因素</td><td>10</td><td></td><td></td></tr>
<tr><td>社会认知的基本过程</td><td>15</td><td></td><td></td></tr>
<tr><td rowspan="2">技能
（40%）</td><td>能够区分社会认知的影响因素</td><td>20</td><td></td><td></td></tr>
<tr><td>能够说明社会认知的基本过程</td><td>20</td><td></td><td></td></tr>
<tr><td rowspan="4">素养
（20%）</td><td>积极学习，主动思考、讨论</td><td>5</td><td></td><td></td></tr>
<tr><td>具备团队精神，积极与他人合作</td><td>5</td><td></td><td></td></tr>
<tr><td>学会全面地看待社会事物，培养全局观</td><td>5</td><td></td><td></td></tr>
<tr><td>学会换位思考，理解他人的行为、需求和期望，维持良好的人际关系</td><td>5</td><td></td><td></td></tr>
<tr><td colspan="2">合计</td><td>100</td><td></td><td></td></tr>
<tr><td>自我评价</td><td colspan="4"></td></tr>
<tr><td>教师评价</td><td colspan="4"></td></tr>
</table>

项目五
社会态度

项目引言

在社会互动中，人们会对他人、他事、他物等逐渐产生一定的看法和感受，最终对其形成一定的社会态度。社会态度是人们心理状态的体现，会在一定程度上影响人们的行为方式。通过学习和理解社会态度的构成、形成与转变等，人们能够更好地理解自己和他人的思维方式和行为模式，从而有效地融入社会。

偏见是社会态度中的一种，它会限制人们的视野和认知。学习有关偏见的相关知识，有助于人们消除偏见，保持心理健康和维护社会公平正义。

知识目标

- 了解社会态度的定义、构成与特点。
- 熟悉社会态度的形成与转变。
- 熟悉偏见的定义、形成原因与影响。
- 掌握消除偏见的措施。

素质目标

- 培养积极的社会态度，更好地应对生活中的困难和挫折，增强社会适应能力。
- 改变固有观念，消除对他人的偏见。

任务一 了解社会态度

任务导入

不同人对送父母去养老院的态度

某知名主持人在社交平台上分享了送父母去养老院的经历，引起了网友的热议。

有的网友家中同样有高龄父母，对此表示认可，觉得这是让父母颐养天年的一种方式。

有的网友认为，养老院条件再好也无法替代家庭的温暖，而且将父母送去养老院养老与传统的“养儿防老”观念存在冲突。

有的网友认为，养老模式应该多元化，包括家庭养老、社区养老、机构养老等。不同的家庭有不同的需求和条件，人们应该根据具体情况选择最合适的养老模式。

思考：

（1）什么是社会态度？社会态度的构成有哪些？

（2）社会态度的特点有哪些？上述案例体现了社会态度的哪些特点？

一、社会态度的定义

社会态度是指个人对他人、他事、他物所持的具有持久性和评价性的心理倾向。具体而言，社会态度具有以下内涵：

（1）社会态度的对象是与个人有关的他人、他事、他物等具有社会意义的存在物。

（2）社会态度是个人在社会生活中，通过人际交往和不断受到周围环境的影响而逐渐形成的。

（3）社会态度不仅与个人的信仰、价值观等有关，也与个人的认知能力、判断能力等有关。

二、社会态度的构成

社会态度主要由认知、情感和行为意向三种成分构成。

（一）认知

认知是个人对态度对象带有评价意义的叙述。叙述的内容包括个人对态度对象的认识、理解等。

（二）情感

情感是指个人对态度对象的情感体验，如尊敬和蔑视、同情和憎恶、喜欢和厌恶等。

（三）行为意向

行为意向是指个人对态度对象的反应倾向或行为的准备状态，即个人准备对态度对象做出的反应。例如，认为学习很有用并热爱学习的人，会愿意在学习上投入更多时间和精力（见图 5-1）。

图 5-1　在学习上投入更多时间和精力

三、社会态度的特点

社会态度具有目标性、稳定性、内隐性、综合性和复杂性等特点。

张玉滚——伏牛山里的好教师

（一）目标性

社会态度总是指向特定的目标。该目标既可以是具体的人、事、物，也可以是抽象的情绪、思想、风格等。

（二）稳定性

尽管外部因素和内部认知的变化可能导致个人的社会态度发生变化，但社会态度在一定时期内和一定程度上是相对稳定的。

（三）内隐性

社会态度存在于个人的意识之中，一般不会直接被他人观察到，但会通过个人的意见、观点、主张、行为等表现出来。例如，某个人对健康的态度一般不直接表现出来，而是从他的日常饮食习惯、运动习惯，以及他对健康知识的关注程度等方面表现出来。

（四）综合性

认知、情感和行为意向等成分之间相互关联、相互影响，共同构成了社会态度的整体。例如，小黄热爱自然，认为人与自然是生命共同体，人类必须尊重自然、顺应自然、保护自然。当看到破坏自然的行为时，他感到非常愤怒，并坚决制止。同时，他还积极参加各种保护自然的活动，如植树活动（见图 5-2）、垃圾分类活动等。

图 5-2　植树活动

（五）复杂性

社会态度的形成受到多种因素（如文化背景、社会环境、个人经历等）的共同影响，这些因素之间相互作用，使得社会态度具有复杂性。例如，随着大数据技术的发展，小念既认可此技术为工作和生活带来的便利，又担心他人用此技术侵犯自己的隐私。

课堂互动

请结合示例和所学知识，将下列句子补充完整，并在课堂上分享。

示例：我学习书法后，感受到了书法艺术的博大精深，对书法产生了浓厚的兴趣。我立志继续学习书法，弘扬中华优秀传统文化，让更多人了解和欣赏书法艺术的魅力。这体现了社会态度的目标性。

（1）我＿＿＿＿＿＿＿＿＿＿＿＿＿＿＿＿＿＿＿＿＿＿＿＿＿＿＿＿＿＿＿＿。这体现了社会态度的稳定性。

（2）我＿＿＿＿＿＿＿＿＿＿＿＿＿＿＿＿＿＿＿＿＿＿＿＿＿＿＿＿＿＿＿＿。这体现了社会态度的内隐性。

（3）我＿＿＿＿＿＿＿＿＿＿＿＿＿＿＿＿＿＿＿＿＿＿＿＿＿＿＿＿＿＿＿＿。这体现了社会态度的综合性。

（4）我＿＿＿＿＿＿＿＿＿＿＿＿＿＿＿＿＿＿＿＿＿＿＿＿＿＿＿＿＿＿＿＿。这体现了社会态度的复杂性。

任务实施

分析关于社会态度的案例

【任务背景】

一对年轻的夫妇在一个小镇上开了一家咖啡馆，咖啡馆的旁边是一家饭馆。饭馆老板姓张，是个传统的中年人，他经营这家饭馆已有 20 年。

老张并不喜欢这对年轻的夫妇，因为自从咖啡馆开业以来，很多原本在饭馆里谈天说地的客人，现在都转移到了咖啡馆，原本热闹的饭馆变得冷清了许多。

小镇上的其他居民对咖啡馆的态度各不相同。有些居民对咖啡馆持支持态度，认为这是小镇的第一家咖啡馆，它不仅提供了多样化的饮品，还为大家带来了新的休闲娱乐方式。每到周末，他们都会约上朋友去咖啡馆坐一坐。有些居民持中立态度，他们并不关心有没有咖啡馆，因为他们对喝咖啡不感兴趣。有些居民和老张的看法一样，对咖啡馆持反对态度，他们认为咖啡馆的出现打乱了居民们的生活秩序，有些居民甚至会在咖啡馆里坐到深夜。

【实施要求】

（1）学生自由分组，每组 3～5 人，并选出一名小组长。

（2）分析上述案例，并回答以下问题：

① 案例体现了社会态度的哪些成分？

② 案例体现了社会态度的哪些特点？

③ 案例中，小镇上的居民对咖啡馆的态度是怎样的？

（3）各小组选择 3～5 个有关周围人对某人、某事或某物的社会态度的案例，并对案例中体现的社会态度进行分析。

（4）各小组将上述问题的答案、所选案例和对案例的分析等制作成 word 文档或 PPT 形式的报告。

（5）小组长进行课堂分享，教师进行点评。

任务二　熟悉社会态度的形成与转变

任务导入

张大爷的转变

张大爷有一只陪伴了他多年的小狗旺财。他平时喜欢带着旺财在小区里散步，但是不牵绳。邻居和物业人员多次提醒，张大爷总是说旺财很温顺，不会伤人。

一天上午，张大爷在电视上看到了一期关于文明养狗的节目。节目中介绍了不牵绳遛狗可能导致的意外事件，如狗突然冲上马路引发交通事故，狗与其他动物发生冲突导致伤人，等等。同时，节目中还强调了清理狗粪、定期为狗接种疫苗等的重要性。

看完节目后，张大爷深受触动。他意识到自己的行为不仅可能给旺财带来危险，还可能使其他居民面临人身安全问题。

当天下午，张大爷在微信群里看到有个朋友因外出遛狗没牵绳，狗受到汽车鸣笛声惊吓而到处乱窜，最终掉进正在维修的下水道的消息，他越想越后怕。于是，他决定以后带旺财出门时都牵绳。

如今，张大爷已经成为小区里文明养狗的典范。他的转变不仅得到了邻居和物业人员的赞赏，也为营造更加和谐、安全的小区环境提供了助力。

思考：

（1）张大爷的态度是如何转变的？

（2）社会态度转变的影响因素有哪些？

一、社会态度的形成

（一）社会态度的形成过程

个人所持有的各种社会态度都是在后天的社会互动中逐渐形成的。社会态度的形成是一个渐进的过程，一般包括服从、同化和内化。

1．服从

服从是指个人为了实现更重要的目标而在表面上认同某种观点、信念、行为方式或标准等的过程。服从包括以下两种类型：

（1）个人出于自身意愿，不知不觉地模仿他人，表现出与他人相同的社会态度。例如，某幼儿看到大人使用筷子吃饭（见图 5-3），自己也使用筷子吃饭，即使不太会用，也乐在其中。

图 5-3　使用筷子吃饭

（2）个人受到群体规范的压力，从而表现出与群体相同的社会态度。例如，学校规定学生不能带零食进入校园，而有些学生即使对此不认同，也会遵守学校的规定，不带零食进入校园。

2．同化

同化是指个人自愿接受某种观点、信念、行为方式或标准等的过程。在此阶段，个人的社会态度不再是表面的，而是受情感因素的影响，在情感上认可这种观点、信念、行为方式或标准等，在心理上向其靠近。

3．内化

内化是指个人将某种观点、信念、行为方式、标准等纳入自身的价值体系中，使之成为自身态度体系中的一部分的过程。内化是社会态度形成的最后一个阶段，标志着个人完全接受这种观点、信念、行为方式或标准等，真正形成社会态度。

与内化相对的是外化。外化是指个人将内部的心理活动转化为外部活动（如语言、行为表现等）的过程。在外化过程中，个人先在头脑中把自己的思想、观点等组织起来，然后用语言或者行为等表现出来。

（二）影响社会态度形成的因素

影响社会态度形成的因素主要有个人价值观、个性特点、原有态度、家庭、同龄群体和社会文化等。

1．个人价值观

个人通常以自身的价值观为内在标准来衡量和评估态度对象，并形成对态度对象的社会态度。

2．个性特点

个性特点会影响个人对态度对象的感知、理解和评价，进而影响其对态度对象的社会态度。例如，一个乐观的人，可能更容易看到事物积极的一面，对其形成积极的社会态度；而一个悲观的人，则可能更容易看到事物消极的一面，对其形成消极的社会态度。

3．原有态度

原有态度通常具有稳定性和持续性，这意味着个人在一定时期内对某态度对象的社会态度会保持不变。也就是说，个人在面对相似或相同的态度对象时，可能表现出与原有态度一致的社会态度。

4．家庭

家庭成员的价值观、家庭的教育方式和家庭氛围等潜移默化地影响着个人社会态度的形成。例如，在和谐、温暖的家庭环境中生活的人，对态度对象更容易形成积极的社会态度。

5．同龄群体

个人对态度对象的社会态度往往受到同龄群体的影响，这些影响可能来自同龄群体的价值观或行为模式等。

6．社会文化

在社会文化的熏陶下，个人会不自觉地吸收和内化其中的价值观、道德规范和审美标准等，并在此基础上对态度对象形成自己的社会态度。

课堂互动

你认为选择离家远的城市工作比较好还是选择离家近的城市工作比较好？影响你态度的因素有哪些？

二、社会态度的转变

社会态度的转变是指个人改变对态度对象已有社会态度的过程。这种转变包括两个方面：一是方向上的转变，即质的转变；二是程度上的转变，即量的转变。

（一）社会态度转变模型

美国实验心理学家霍夫兰把社会态度转变看作信息交流的过程，并提出了态度转变模型。态度转变模型认为，说服者、说服对象、说服信息和说服情境是社会态度转变的 4 个基本要素，其中，说服者、说服信息和说服情境是社会态度转变的外部刺激物。

1．说服者

说服者是信息的提供者，也是试图以一定方式引导他人转变社会态度的劝导者。说服者主要从以下方面影响社会态度转变：

（1）可信度。可信度是指说服者被他人信赖的程度。说服者的社会地位、职业、家庭背景等会影响其可信度，如果说服者的可信度高，那么说服者传递的信息就更容易被接受。

（2）吸引力。说服者的外貌、气质、能力、与说服对象的相似程度等都会影响其吸引力。具有较大吸引力的说服者的影响力和说服力较强，容易改变他人的社会态度。

2．说服对象

说服对象是社会态度转变的主体，主要从以下方面影响社会态度转变：

（1）原有态度。一般而言，说服对象具有的持续时间长、有直接经验基础、习惯性强的社会态度不容易转变，而持续时间短、有间接经验基础、偶发性的社会态度容易转变。

（2）个性特征。说服对象的个性特征会影响其接受说服信息的倾向。例如，性格懦弱的人，容易因他人的劝说而转变自己的社会态度；性格刚强的人，不容易因他人的劝说而转变自己的社会态度。

3．说服信息

说服信息是影响说服对象社会态度转变的直接因素，主要从以下方面影响社会态度转变：

（1）信息差。信息差是指说服者与说服对象之间的信息差距。一般来说，信息差越大，说服对象的社会态度转变越可能两极化，即要么很容易转变，要么很难转变。

（2）可信度。说服对象往往会根据说服信息来源的权威性、专业性和可靠性来判断说服信息的可信度。如果说服信息的来源被认为是可信的，说服对象就更容易接受并相信该说服信息，进而转变原有的社会态度；相反，如果说服信息的来源被认为不可信，说服对象就很难转变原有的社会态度。

（3）提供方式。说服信息的不同提供方式（如文字、图像、视频等）会影响说服对象对说服信息的理解和接受程度。例如，生动有趣的视频可能更容易吸引说服对象的注意力，引起他们的情感共鸣，从而促使其转变社会态度；而过于复杂或单调的视频则可能使说服对象感到乏味，难以转变社会态度。

4．说服情境

信息交流是在一定情境中进行的。说服情境对说服对象的社会态度转变有一定影响。当说服情境中有他人在场或有其他信息同时出现时，说服对象容易分散注意力，其社会态度转变也会受到影响。

（二）促进社会态度转变的方法

促进社会态度转变的方法主要有劝说宣传法、团体影响法、活动参与法等。

1．劝说宣传法

劝说宣传法是指说服者使用事先准备好的说服信息，影响说服对象的认知和情感，从而促使其转变社会态度的方法。

2．团体影响法

团体影响法强调的是社会压力和群体规范对说服对象社会态度转变的影响。在一个团体中，当大多数人持有某种社会态度时，说服对象往往会受到这种社会态度的影响，从而转变自己的社会态度。

3．活动参与法

活动参与法是指通过让说服对象亲自参与和社会态度转变相关的活动，增强其对特定社会态度的理解和认同，从而促使其转变社会态度的方法。例如，小金一直认为在研学旅行中无法学到知识。有一次，学校组织了免费研学旅行活动，要求学生尽量参加，小金不得已也参加了。在研学旅行过程中，他们参观了博物馆（见图 5-4）、科技馆、海洋馆等，通过实地观察和亲身体验，小金学到了很多新知识，开阔了眼界。通过参加这次活动，小金改变了对研学旅行的看法。

图 5-4　参观博物馆

三、社会态度形成与转变的理论

（一）认知失调理论

认知失调理论由美国社会心理学家费斯廷格提出，主要有以下观点：

（1）当个人面对新情境，必须表明自身的态度时，个人在心理上将出现新态度与旧态度相互冲突的状况。

（2）消除认知失调有两种方法：一是对新态度予以否认；二是收集更多关于新态度的信息，提高新态度的可信度以取代旧态度，从而获得心理平衡。

（二）平衡理论

平衡理论由海德提出，认为个人的心理活动是个人在与社会因素（社会事件、他人、文化观念等）相互作用中实现动态平衡的过程。个人在社会生活中与他人建立的关系是通过某些事件形成的，相互联系的人和事件组成了一个单元或系统。该理论提出了 P-O-X 模型（见图 5-5），模型中的“P”表示认知主体，“O”表示持有态度的另一个人，“X”表示某个态度对象（可以是人、物体、事件、活动、现象或观点等），“+”表示肯定的、相容的态度，“–”表示否定的、不相容的态度。当“P”“O”“X”的态度不一致时，系统就会失去平衡，三者会调整态度，争取恢复平衡。

平衡理论

P-O-X 模型的关系状态可分为平衡和不平衡两类：主体喜欢某人，且此人对某一事物的看法与主体相同［见图 5-5（a）、图 5-5（b）］，或者主体不喜欢某人，且此人对某一事物的看法与主体不同［见图 5-5（c）、图 5-5（d）］，主体的心理体验便是平衡的。主体不喜欢某人，且此人对某一事物的看法与主体相同［见图 5-5（e）、图 5-5（f）］，或者主体喜欢某人，且此人对某一事物的看法与主体不同［见图 5-5（g）、图 5-5（h）］，主体的心理体验便是不平衡的。也可以说，只要三角形的 3 条边没有“–”号关系，或带“–”号的关系数为偶数，系统就处于平衡状态；如果带“–”号的关系数为奇数，系统就处于不平衡状态。

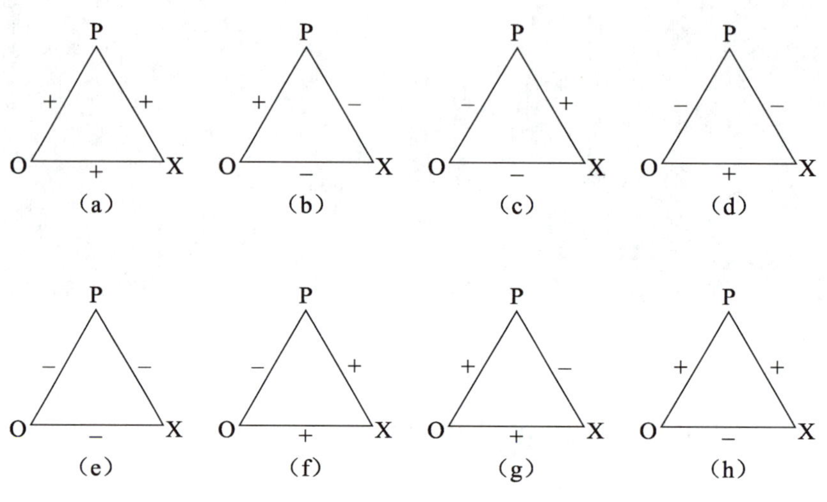

图 5-5　P-O-X 模型

（三）调和理论

调和理论由美国心理学家奥斯古德和坦纳鲍姆提出，认为个人可对周围的人和事物产生某种态度倾向，这些倾向可以是相互独立的。例如，某人非常喜欢观看某电视节目，也对某种日用品抱有好感，这两种事物本身是相互独立的。如果此人碰巧从这个电视节目中看到一些关于这种日用品的内容，那么本来两种相互独立的事物便有了一定的联系。调和理论认为，此人会根据从电视节目上获得的信息重新调整对这两种事物的态度，在心理上达到一致状态。

调和理论提出社会态度有两种情况：① 当个人对两种事物都持赞成态度，并且赞成的程度相同时，其中一种事物作为信息源（如电视节目），另一种事物作为信息对象（如日用品），个人所接受的新信息通过信息源对信息对象的评价获得。若这一评价是正向的，即信息源与信息对象之间有相容的正向关系，那么个人对这两种事物的态度便在心理上达成了一致。② 个人本来对两种事物的态度不同，赞成一种，反对另一种，并且赞成和反对的程度相同，如果这两种事物之间是相互排斥的负向关系，即信息源对信息对象持反对态度，那么个人的态度也可达成一致。此刻，个人的心理体验是愉快的，没有冲突和不安。

很多时候，个人对不同事物的态度是相互独立的，在方向上和程度上经常不同。当新信息加入时，个人对事物的原有态度会由于方向上或程度上的不同而不协调，此时，个人处于

态度不一致的心理状态。上例中，如果此人本来喜欢观看某电视节目，但对某日用品持反对态度，当他从该电视节目中看到赞成该日用品的介绍时，他的态度处于不一致的状态，因为他喜欢的事物正在赞成他不喜欢的事物。当态度不一致时，个人的体验是不愉快的，个人会驱使自己调整对两种事物的态度，使态度一致。

任务实施

探索社会态度的形成与转变

【任务背景】

近日，博主小吴发布的一则视频在网络上引起了广泛讨论。视频中，他用 AI 将已故奶奶的生前照片转化为动态头像，并通过导入奶奶生前的音频，模拟出奶奶的声音和语气，成功创建了一个奶奶的虚拟数字人。

有的网友认为，这种方式能够寄托对亲人的哀思，具有极高的情感价值。

有的网友认为，没必要把已故亲人做成虚拟数字人，因为这种方式让人感觉已故亲人成为被操纵的电子玩偶。

还有的网友认为，不应过度沉浸在悲伤中，要积极面对生活，珍惜眼前的每一天。

……

对于同一种社会事物，每个人的社会态度不一样。探索社会态度的形成与转变，有助于我们进一步理解社会态度，维护心理健康。

【实施要求】

（1）学生自由分组，每组 5～6 人，并选出一名小组长。

（2）小组长挑选几种事物或社会现象，如某部新电影、某种新技术、某种新理念等，小组成员分别说出自己对这些事物或社会现象的社会态度，然后进行讨论，总结形成一致的社会态度，并回答以下问题：

① 你对“任务背景”中用 AI 创建虚拟数字人的社会态度是怎样的？

② 你对小组长挑选的事物或社会现象的社会态度是怎样的？

③ 你们小组对小组长挑选的事物或社会现象形成的一致社会态度是怎样的？

④ 影响你社会态度形成的因素有哪些？

⑤ 你的社会态度是如何转变的？

（3）各小组将讨论结果和对上述问题的答案制作成 PPT。

（4）小组长进行课堂分享，教师进行点评。

任务三　熟悉偏见

任务导入

每一个岗位上的工作人员都值得被尊重

小刘是一名入殓师。她在上高中时，偶然知道了入殓师这个职业。考大学时，她毅然报考了现代殡仪技术与管理专业。在大学期间，每过一段时间就有同学转专业，但她坚持了下来。

如今，从事遗体整容工作5年的小刘，已经有了丰富的工作经验。每天为3～5具遗体化妆，对她来说是简单的工作。

对大部分入殓师来说，难以承受的并不是工作压力，而是来自他人的偏见。

从事这一职业，找对象是一大难题。小刘说："单位里有许多单身的同事。外面有些人一听我们在这里工作，就不大愿意跟我们交往。即便他们本人愿意，他们的家人也会反对。"另外，打车、订外卖等也是难题。"有一次打网约车，司机给我打电话，说他不方便上来，就在山脚下等我，让我走下去。"小刘说。殡仪馆在山上，到山脚下得走好几千米。还有一次，她早上就开始打车，但直到中午才坐上车。后来司机和她说，没有人愿意大清早到殡仪馆接客。

和刚认识的朋友一起吃饭，当她说自己在殡仪馆工作时，有的朋友就不再和她说任何话了。有一次，她的好朋友结婚，她却不能去，因为新娘的家人不希望殡葬行业从业者出现在婚礼现场。

小刘表示，希望人们能消除对殡葬行业从业者的偏见。小刘说："这个职业虽然有点特殊，但是我希望大家用平常心来看待，摒弃偏见。职业没有高低贵贱之分，每一个岗位上的工作人员都值得被尊重。"

（资料来源：《烟台"90后"女入殓师：那些"偏见"与一颗"平常心"》，烟台市人民政府官网，2023年4月7日）

思考：

（1）什么是偏见？

（2）偏见的形成原因有哪些？

（3）案例中的偏见对小刘产生了哪些影响？

一、偏见的定义

偏见是指妨碍正确感知信息和行为的态度，如地域偏见、阶级偏见、集团偏见等。在通

常情况下，个人并未意识到或者不想意识到自己是有偏见的，而把自己对偏见对象的态度看成是客观的评价。某人若对偏见对象的偏见过深，则可能对偏见对象产生歧视。

小贴士

歧视是指对偏见对象的消极行为，是偏见的行为表现。歧视会造成人际隔阂，使人们产生敌对情绪，不利于社会和谐。

二、偏见的形成原因

偏见的形成原因很复杂，主要包括社会化过程、群际关系和社会环境等。

（一）社会化过程

在社会化过程中，个人可能会受到家庭、学校、大众传播媒介等的影响，形成对特定群体的偏见。此外，个人置身于同龄群体中时，为了融入同龄群体并得到他们的认可，往往会接受并传播该同龄群体共有的偏见。

（二）群际关系

群际关系中的竞争和冲突会导致偏见形成。当不同群体之间存在资源、权力或地位的竞争时，群体成员容易对其他群体产生负面看法。此外，个人对所属群体的认同感也会影响其对其他群体的态度，导致偏见形成。

（三）社会环境

从社会环境角度看，偏见的形成一般与经济、文化等紧密相关，具体如下：

（1）经济方面，当资源分配不均或经济发展不平衡时，不同个人或群体之间可能产生利益冲突，导致强势的一方对弱势的一方产生偏见。

（2）文化方面，不同地域之间的文化习俗和传统观念通常存在差异，因此不同地域的居民之间往往容易产生偏见。

三、偏见的影响

偏见的影响主要体现在对个人的影响和对社会的影响两个方面。

（一）对个人的影响

1．影响心理健康

偏见会对个人的心理健康产生负面影响。偏见对象可能因他人对自己的偏见而产生焦虑、抑郁和低自尊等心理，从而导致心理健康问题。偏见者也可能因偏见对象受到伤害而承受巨大的心理负担，产生焦虑与不安心理。

2．影响自我意识

偏见会影响个人自我意识的形成。偏见对象可能会内化他人对自己的偏见，从而片面地认识和评价自己，削弱自己的自信心。偏见者往往会忽视或拒绝接受与其偏见不同的信息，从而导致自己的认知受到限制，自我意识发展受到影响。

3．影响社交关系

偏见会破坏个人的社交关系。偏见对象可能会感到被孤立和被排斥，并因此减少与他人的互动，甚至出现社交障碍。偏见者不仅会使自己与偏见对象的关系变得紧张，也会因自己的声誉受损而招致他人的反感。

（二）对社会的影响

1．加剧社会不平等

偏见会导致某些个人或群体在教育、住房和医疗领域中遭受不公平对待，从而加剧社会不平等。

2．导致社会冲突

群体之间的偏见可能导致不同群体成员之间产生敌对情绪，进而导致社会冲突。

3．影响社会长远发展

偏见会降低社会成员之间的信任度，阻碍社会成员之间的交流和互动。这在一定程度上会削弱社会的凝聚力，从而影响社会长远发展。

四、消除偏见的措施

（一）个人可采取的措施

（1）通过阅读书籍、观看影视作品等，不断拓宽自己的知识面，深入了解不同群体的特点。

（2）从多个角度思考问题，全面、准确地认识他人、他事、他物，避免以偏概全。

（3）积极与不同的人交流，增进对他们的了解。

（4）时常反思，审视自己是否对他人、他事、他物存在偏见。一旦发现自己存在偏见，就要勇于正视问题，坚持实事求是的原则，改变陈旧观念和原有思维方式。

（二）群体可采取的措施

（1）加强群体之间的交流与合作。不同群体之间可以通过共同参加某一项任务或活动，增进彼此之间的理解和信任，从而消除偏见。

（2）开展反偏见的培训活动。群体内部可以开展反偏见的培训活动，以理论知识讲解、情景模拟、案例分析等方式，让群体成员了解偏见的负面影响，提高对偏见的认识和警惕性。

（3）制订和强化反偏见的群体规范。群体可以根据具体情况制订反偏见的群体规范，并在群体的日常活动中加以宣传和推广，强化群体成员认同和遵守反偏见的群体规范。

消除偏见歧视，传递温暖阳光

随着社会竞争压力的加剧，精神卫生问题受到广泛关注。为加深社会大众对精神卫生的了解，消除社区居民对精神障碍患者的偏见，安徽省合肥市某社区开展了“消除偏见歧视，传递温暖阳光”——世界精神卫生日暨辅具租赁宣传活动。

活动现场，志愿者拿起知识问答卡片，向在场的居民问道：“你愿意与社区中的精神障碍康复者打招呼吗？”“常见精神疾病有哪些症状？”“精神障碍患者在情绪不稳定的时候可以不吃药吗？”……居民们回答道：“精神障碍患者应该得到他人的尊重。”“精神障碍患者是不是会又哭又笑，有时还会打人？我有点害怕。”“他们病情不稳定时肯定得吃药呀。”同时，社工通过向居民提问的方式，让居民对精神障碍有了更深的认识和理解。

在活动中，社工和志愿者还通过发放有关精神障碍的宣传彩页，为居民普及精神障碍相关知识。同时，社工和志愿者也呼吁居民关爱精神障碍患者，对他们多一些包容，多一些关爱，多一些尊重，多一些理解。有居民说道：“这项活动不错，使我们了解了精神障碍方面的知识。关爱精神障碍患者，对促进他们康复是非常有益的。”

此次活动的开展，使社会大众正确认识了精神疾病，能够理性看待精神障碍患者这一特殊群体。下一步，该区将继续为辖区居民传播精神卫生知识，推动形成理解、接纳、关爱精神障碍患者的良好氛围。

（资料来源：马伟志、黄方、沈武斌等，《经开区社区康复项目：“消除偏见歧视，传递温暖阳光”》，合肥经济技术开发区管理委员会官网，2023 年 10 月 11 日）

任务实施

分享关于偏见的事例

【任务背景】

在不同的成长阶段，我们都可能会遇到偏见。在成长过程中，你遇到过哪些偏见？这些偏见是如何形成的，又是如何影响你的呢？你采取了哪些消除偏见的措施？

【实施要求】

（1）学生自由分组，每组 4～6 人，并选出一名小组长。

（2）各小组的成员轮流分享自己在成长过程中遇到的偏见事例，说明偏见的形成原因、偏见对自身的影响，并介绍自己采取了哪些消除偏见的措施。需要注意的是，小组成员分享的事例应真实、具体。

（3）各小组将成员的分享过程拍摄成视频，并进行简单加工。

（4）小组长进行课堂分享，教师进行点评。

学习成果自测

1. 填空题

（1）社会态度主要由__________、__________和__________三种成分构成。

（2）社会态度具有目标性、__________、__________、__________和复杂性等特点。

（3）社会态度的形成是一个渐进的过程，一般包括__________、同化和__________。

（4）偏见的形成原因很复杂，主要包括__________、__________和社会环境等。

2. 选择题

（1）下列选项中，（　　）不属于社会态度转变模型的基本要素。

A．说服信息　　B．说服情境

C．说服者　　D．说服方法

（2）（　　）认为个人可对周围的人和事物产生某种态度倾向，这些倾向可以是相互独立的。

A．动机归因理论　　B．平衡理论

C．调和理论　　D．认知失调理论

（3）（　　）是指通过让说服对象亲自参与和社会态度转变相关的活动，增强其对特定社会态度的理解和认同，从而促使其转变社会态度的方法。

A．团体影响法　　B．活动参与法

C．劝说宣传法　　D．群体讨论法

（4）下列选项中，（　　）不属于群体可采取的消除偏见的措施。

A．加强群体之间的交流与合作

B．开展反偏见的培训活动

C．制订和强化反偏见的群体规范

D．时常反思，审视自己是否对他人、他事、他物存在偏见

3. 简答题

（1）简述社会态度的定义。

（2）简述影响社会态度形成的因素。

（3）简述偏见的影响。

学习成果评价

请进行学习成果评价，并将评价结果填入表 5-1 中。

表 5-1　学习成果评价表

班级：________　　姓名：________　　学号：________

评价项目	评价内容	分值	评分	
			自我评分	教师评分
知识（40%）	社会态度的定义、构成与特点	10		
	社会态度的形成与转变	15		
	偏见的定义、形成原因、影响与消除措施	15		
技能（40%）	能够说明社会态度的形成过程与转变方法	20		
	能够采取合理的措施消除偏见	20		
素养（20%）	积极学习，主动思考、讨论	5		
	具备团队精神，积极与他人合作	5		
	培养积极的社会态度，更好地应对生活中的困难和挫折，增强社会适应能力	5		
	改变固有观念，消除对他人的偏见	5		
合计		100		
自我评价				
教师评价				

项目六
人际关系与人际沟通

项目引言

每个人在生活中都会建立各种各样的人际关系，并受到各种各样人际关系的影响。建立和维护良好的人际关系，既有助于促进个人的心理健康，又有助于促进社会的和谐发展。

人际沟通是人们维护人际关系的重要手段之一。通过人际沟通，人们可以表达关心、理解、信任、尊重等，从而加深彼此之间的情感联系，建立和谐的人际关系。

知识目标

- 了解人际关系的定义、类型与作用。
- 掌握改善人际关系的方法。
- 熟悉人际吸引与人际冲突。
- 了解人际沟通的定义、类型、作用、影响因素与原则等。

素质目标

- 主动了解他人的想法和需求，与他人建立友好、互信的人际关系。
- 认识人际沟通的重要性，树立正确的沟通理念。

任务一　了解人际关系

任务导入

难以融入集体的小李

小李是一名大学生，他性格内向，从不主动与人交流，而他的三名室友都比较外向。每当室友们一起分享生活和学习中的问题和趣事时，小李总是无法参与进去，即使室友询问，他也不愿意多说，而且非常敏感。久而久之，室友们在交谈时，不再拉着小李。小李也因此觉得室友们对他抱有偏见，在排挤他，他常因室友们在寝室中小声交谈而心生疑虑，总觉得他们在背后议论自己，说自己坏话。渐渐的，小李发现自己越来越难以融入集体，也交不到好朋友。

思考：

（1）什么是人际关系？

（2）人际关系的类型有哪些？上述案例体现了哪种类型的人际关系？

（3）上述案例中，小李可采用哪些方法改善人际关系？

一、人际关系的定义

人际关系是指人与人之间通过直接或间接交往而形成、发展起来的心理关系，具体表现为人与人之间的心理关系及相应的行为倾向。两个匆匆赶路的行人不构成人际关系，但如果两个人发生了碰撞，并争执起来，他们便产生了人际关系。

具体而言，人际关系具有以下内涵：

（1）人际关系以人们的需要为基础。人际关系的好坏主要取决于人们在交往过程中能否满足双方的需要。如果交往双方的需要能得到一定程度的满足，他们就会产生喜欢或愿意亲近、交往的反应，建立良好的人际关系。

（2）人际关系以情感为纽带。人际关系的实质是情感上的关系，人们在交往过程中表现出来的愉快、厌恶、冷漠等情绪，是人际关系好坏的基本评价指标。

（3）人际关系以交往为手段。正是通过交往，人们才会与对方产生心理上的联系，从而建立和发展人际关系。

二、人际关系的类型

人际关系的类型复杂多样，按不同的标准，可划分为多种类型。

（一）按扮演的角色划分

按扮演的角色划分，人际关系可分为亲属关系、朋友关系（见图 6-1）、同学关系、师生关系、同事关系等。其中，亲属关系又包括父母子女关系、兄弟姐妹关系和夫妻关系等。

图 6-1　朋友关系

（二）按关系亲疏划分

按关系亲疏划分，人际关系可分为亲密关系和一般关系等，具体如下：

（1）亲密关系，包括夫妻关系、情侣关系和密友关系等，这类关系具有较强的情感联系。

（2）一般关系，涵盖普通朋友关系、同事关系和熟人关系，这类关系虽然有一定的情感联系，但情感不如亲密关系那样深厚，通常存在于日常互动中。

（三）按交往目的划分

按交往目的划分，人际关系可分为工具性关系、情感性关系和混合性关系等，具体如下：

（1）工具性关系，其建立主要是人们为了实现某种具体的目标或获得某种具体的利益。常见的工具性关系有商业伙伴关系、服务关系（如服务员与顾客的关系，见图 6-2）等。

图 6-2　服务员与顾客的关系

（2）情感性关系，其建立主要是人们为了满足情感需求。常见的情感性关系有朋友关系等。

（3）混合性关系，即人与人之间，既存在工具性关系，又存在一定程度的情感性关系，如师生关系、同事关系等。

（四）按心理倾向划分

按心理倾向划分，人际关系可分为利他性关系、互利性关系和竞争性关系等，具体如下：

（1）利他性关系，是基于关心和帮助他人而建立的关系，如志愿者与受助者的关系。这类关系以无私的帮助和奉献为特点。

（2）互利性关系，是双方都能从中获得利益的关系，如合作关系。这类关系以互惠互利为基础。

（3）竞争性关系，是人们为了争取资源、地位等而建立的关系，如竞争关系、对抗关系。这类关系以竞争和对抗为主。

三、人际关系的作用

人际关系的作用主要包括对个人的作用和对社会的作用两个方面。

（一）对个人的作用

1．满足情感需要

情感需要是指个人希望得到他人关爱、支持、理解的一种心理需要。个人通过建立良好的人际关系，可以获得来自他人的关爱、支持和理解，增强幸福感和满足感。

2．促进心理健康

在良好的人际关系中，个人会得到朋友、家人或其他人的关心和鼓励，这可以帮助个人减轻痛苦，缓解焦虑、抑郁等消极情绪。同时，良好的人际关系也能促使个人得到他人的认可和尊重，增强自我认同感，促进心理健康。

3．促进个人社会化

建立、维护人际关系的过程，就是个人学习、掌握并遵循社会规范的过程。因此，建立良好的人际关系、学会人际交往是个人实现社会化的重要途径。

4．有利于自我完善

在建立良好人际关系的过程中，人们会在思想和行为上相互影响，进而实现自我完善。

（二）对社会的作用

1．加快信息传播速度并避免信息失真

当建立了相互信任、相互理解的人际关系后，个人一般更愿意向对方分享自己所掌握的真实信息，同时也更容易接受对方分享的信息，这在加快了信息传播的同时，极大地减少了信息在传播过程中的失真问题。

2．促进社会和谐发展

当建立了良好的人际关系后，人们更愿意相互帮助、相互支持，从而营造和谐融洽的社会氛围，增强社会凝聚力，促进社会和谐发展。

四、改善人际关系的方法

个人可采取以下方法改善人际关系：

人际关系测试量表

（1）在沟通时，做到以下几点：① 积极倾听，准确理解对方的意思；② 用清晰、准确的语言表达自己的想法和情感，确保信息能够准确无误地传递给对方；③ 尊重对方的观点和感受，保持开放和包容的心态。

（2）尝试站在对方的立场上思考，理解对方的感受和需求。

（3）真诚地关心对方、体贴对方，让对方感受到被重视；在对方遇到困难时，要及时提供帮助。

（4）在生活中，要不断学习社交技巧，以更好地适应不同的社交场合。

（5）培养真诚、乐观等美好品德，真诚地对待他人，乐观地对待事情，从而改善人际关系。

（6）注重塑造个人形象，通过合适的着装、规范的言行举止展现自己的魅力。

（7）当对方不适应或不愿意亲密接触或交往时，个人应与对方保持适当的人际距离。

刺猬法则

冬天时，两只刺猬在一个树洞里过冬。天气越来越冷，它们就蜷缩成一团，不让热量散失。

可是气温还在不断地下降，它们看看周围，发现只有从对方身上才可以取暖，它们只好向对方靠拢。而相互靠拢后，它们又因为忍受不了对方身上的长刺，便很快就分开了。靠得太近，身上会被刺痛；离得太远，又冻得难受。两只刺猬就这样反反复复地分开了又靠拢，靠拢了又分开，不断地在受冻与受刺之间挣扎。最后，几经折腾，它们终于找到一个合适的距离，即既可以相互取暖，又不至于刺伤彼此的距离。

“刺猬法则”强调的就是人际交往中的“心理距离效应”。人与人之间应该保持一种“亲密有间”的关系，即一种不远不近的恰当关系，这种关系既不会让双方感到疏远，也不会让双方受伤。

任务实施

分享关于人际关系的案例

【任务背景】

在生活中，有的人能够与他人和睦相处，构建良好的人际关系；有的人无法与他人融洽相处，导致人际关系恶劣；有的人与他人保持着一定的距离，既不亲密，也不疏远……

【实施要求】

（1）学生自由分组，每组 4～5 人，并选出一名小组长。

（2）各小组至少收集 3 个关于人际关系的案例，并分析这些案例分别涉及人际关系的哪些类型，这些人际关系的作用有哪些等。若案例中存在不和谐的人际关系，请提出具体的改善人际关系的方法。

（3）各小组整理所收集的资料和分析的结果，并将其制作成 PPT。

（4）小组长进行课堂分享，教师进行点评。

任务二　熟悉人际吸引与人际冲突

任务导入

性格相似的人相互吸引

小刘是一名大学毕业生，刚进入一家公司开始实习。他遇到了比他早入公司，但同样处于实习期的小胡和小何。

在交流过程中，小刘发现小胡比较活泼、外向，言行举止中流露出自信和骄傲，而小何则比较谦虚，说话、做事都比较低调。

小刘性格内向，不善言辞。经过一段时间的相处，小刘发现自己和小何在很多方面都有共同之处，共同语言也比较多。小刘几乎每天都与小何一起吃饭、散步，分享工作中的趣事……渐渐地，两人成了非常好的朋友。

思考：

（1）什么是人际吸引？

（2）上述案例体现了人际吸引的哪些影响因素？

人际吸引和人际冲突是人际关系中相互作用的两个方面。人际吸引有助于建立和维护人际关系，人际冲突则可能导致人际关系恶化。熟悉人际吸引与人际冲突，有助于人们构建积

极、健康的人际关系。

一、人际吸引

（一）人际吸引的定义

人际吸引又称人际魅力，是指人与人之间在情感上相互亲近的现象，是人际关系中的肯定形式。

在现实生活中，每个人都有自己喜欢的人，愿意并希望与这些人待在一起；也都有自己不喜欢甚至讨厌的人，不愿意与这些人待在一起。这里的“喜欢”“不喜欢”“讨厌”，实际上就反映了人际吸引的问题。

（二）人际吸引的影响因素

人际吸引的影响因素主要有相近因素、相似因素和互补因素。

1．相近因素

相近是指时空距离上的接近。在其他条件相同的情况下，人们往往更倾向于与邻近的人交往。相近因素主要包括交往频率和空间距离。

（1）交往频率增加会使人们相互吸引。交往频率越高，待在一起的时间越长，人们就越容易拥有共同的话题，从而建立起越来越亲密的人际关系。“亲戚越走越亲”，就是这个道理。

（2）空间距离接近会使人们相互吸引。这是因为空间距离较近使得人们有更多的交往机会。人们一般总是先与熟悉的人建立亲密关系，而不会很快与素昧平生的人成为知心朋友。在现实生活中，纵然是至亲好友，如果远在天涯海角，长期没有交往，他们的关系也会逐渐变淡。

2．相似因素

人们在某一方面或某些方面相似，会相互吸引。“物以类聚，人以群分”，就体现了相似因素对人际吸引的影响。具体而言，相似因素主要体现在以下几个方面：

（1）社会生活方面（如文化背景、民族、社会地位、职业、籍贯等）。在这方面相似的人往往容易找到共同语言，从而产生亲切感。

（2）生理方面（如年龄、性别、身体状况等）。在这方面相似的人更容易相互理解，从而产生交往兴趣。例如，老年人爱与老年人做伴，青年人愿与青年人为伍，儿童也有儿童的社交圈（见图 6-3）。此外，“同病相怜”也体现了在生理方面相似对人际吸引的影响。

（3）心理方面（如能力、性格、兴趣爱好和价值观等）。在这方面相似的人不仅容易找到更多的共同语言，使交往进一步深入，还会产生强烈的情感共鸣和情感依赖。在各种心理因素中，尤以价值观的相似对人际吸引的影响最大、最持久。所谓“志同道合”，就是价值观相似的体现。

图 6-3　儿童的社交圈

3．互补因素

互补是指交往双方的需要与期待正好相互补充，在此情况下，交往双方更容易相互吸引。例如，能力、自尊心和支配欲望都较强的人，一般喜欢与具有顺从型、依赖型人格的人交往，以发挥自己的才能，扮演保护和支配别人的角色；而自我评价较低、依赖性较强的人，乐于同有魄力、有领导才能的人交往，心甘情愿地处于被保护、被支配的地位。

（三）增强人际吸引力的方法

增强人际吸引力的方法主要有保持良好形象、提高人际交往能力和积极互动等。

1．保持良好形象

个人保持良好的形象，有助于增强自身的人际吸引力。个人要保持良好形象，应做到以下几个方面：

（1）注重仪容。个人应定期清洗头发，将头发梳理整齐，并注意保持面部清洁。女士可通过化妆（见图 6-4）来使面部看起来美观、自然、和谐。需要注意的是，女士化妆时，应使妆面协调，且妆容与自己的年龄、五官特点、职业性质、所处场合、服饰等相协调。

图 6-4　化妆

（2）选择适当的服饰。选择服饰时要注意以下两点：① 扬长避短，尽可能通过得体的穿着来突出自己的长处、掩饰自己的缺点，切忌一味追求时髦；② 选择与自己的年龄、肤色、身材、性格、职业相适应的服饰，形成自己的风格。

（3）保持优雅的体态和风度。与人交往时，应落落大方、彬彬有礼，表情尽量轻松、自然。

2．提高人际交往能力

通过学会倾听与表达、掌握交往礼仪等，个人能够提高自己的人际交往能力，从而使他人更愿意与自己交流和交往，并建立密切的情感联系。

人际交往的小技巧

3．积极互动

通过积极与他人分享经验、交流想法、相互帮助等，个人能够拉近与他人之间的距离。此外，通过积极互动，个人能够在社交中充分展现自己的才华和魅力，从而获得更多人的青睐。

课堂互动

在生活中，你是如何增强自己的人际吸引力的？请举例说明。

二、人际冲突

（一）人际冲突的定义

人际冲突是指人与人之间互不接纳、互不相容的现象，表现为不满、拒绝、对抗、破坏等形式。

人际冲突既可能产生积极影响，也可能产生消极影响。从积极影响方面来看，人际冲突可以促使人们公开讨论并解决问题，激发创造性；从消极影响方面来看，人际冲突会导致资源（尤其是时间和金钱）浪费、人际关系恶化，甚至影响人们的身心健康。

人际冲突的四个阶段

人际冲突通常有以下四个阶段。

1．潜伏期

在此阶段，冲突双方可能已经感觉到彼此之间存在不合，但此不合尚未明确表现出来。此时，冲突双方可以通过相互理解、相互退让的方式来解决冲突。

2．爆发期

在此阶段，冲突显现出来，可能表现为语言冲突或行为冲突。在此阶段，双方情绪较为激动，可能会说出伤害对方感情的话，或做出伤害对方身体的行为。此时，冲突双方应尽力控制各自的情绪，以防冲突扩散。

3．扩散期

冲突在爆发后，可能会因冲突双方的反应过大或处理方式不当而扩大影响，涉及更多的人或引发更严重的问题。此时，冲突双方需要冷静，避免冲突进一步升级。

4．解决期

在此阶段，冲突双方需要寻找解决问题的办法。冲突双方既可以面对面地交流沟通，及时解决冲突；也可以暂时回避冲突，待情绪平复后，再解决冲突。

（二）人际冲突的类型

人际冲突大体上可分为个人与个人之间的冲突、个人与群体之间的冲突和群体与群体之间的冲突三类。

1．个人与个人之间的冲突

个人与个人之间的冲突是现实生活中最常见的人际冲突类型。按不同的标准，这种冲突可以细分为许多小类。例如，按角色不同，个人与个人之间的冲突可以分为以下三类：① 家庭成员之间的冲突，如夫妻冲突（见图 6-5）、父子冲突；② 组织成员之间的冲突，如上下级之间的冲突；③ 社会成员之间的冲突，如两个不相识的路人之间的冲突。

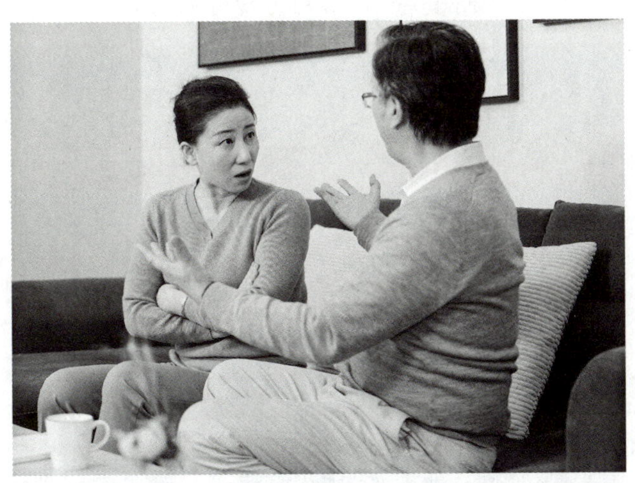

图 6-5　夫妻冲突

2．个人与群体之间的冲突

当个人的愿望、利益和要求影响到群体的利益时，就会发生个人与群体之间的冲突。例如，某员工违反公司规章制度导致公司遭受经济损失时，就会发生这种冲突。

3．群体与群体之间的冲突

当一个群体与另一个群体在利益方面产生矛盾和摩擦时，就会发生群体与群体之间的冲突。例如，某公司内部的两个部门之间的任务不清、职责不明，这两个部门常因工作职责的问题而相互埋怨、相互牵制。

（三）避免和应对人际冲突的方法

1．避免人际冲突的方法

尽量避免人际冲突，是维护人际关系的重要保证。要避免人际冲突，个人应努力做到以下几点：

（1）以礼待人，不能粗鲁无礼。

（2）宽容大度，学会“得饶人处且饶人”的处世之道，不要为琐事斤斤计较。

（3）学会设身处地地为他人着想，从他人的角度去认识和思考问题。

（4）学会克制自己，尽量做到遇险不惊、临危不乱、逢喜不狂，特别是当对方发出攻击信号或做出攻击行为时，更要保持头脑清醒，控制好自己的情绪。

2．应对人际冲突的方法

与他人产生人际冲突时，个人要积极、认真地解决。具体来说，个人应做到以下几个方面：

（1）控制自己的情绪，并设法消除对方的对立情绪。当与他人发生人际冲突时，个人要保持头脑冷静，采用换位思考的方法来控制自己的情绪，并想方设法（如诚恳道歉）地让对方感受到自己的善意和真诚，从而消除对方的对立情绪。有时不妨采用“冷处理”的方式，即在对方情绪失控时暂且回避（见图 6-6），等对方冷静后再处理。

图 6-6　在对方情绪失控时暂且回避

（2）积极解释。许多人际冲突都是由误会引起的，因此，积极解释就显得非常重要。积极解释有两层含义：① 合情合理、真实地表露自己的心迹；② 把握解释的时机，在对方不愿意沟通时，可暂缓解释。

（3）宽容、克制。宽容、克制并不等于软弱，而是有度量的表现，有助于“化干戈为玉帛”。当发生人际冲突后，个人一味地斤斤计较、指责他人，不仅无济于事，还可能加剧冲突。

（4）以理服人。绝大多数人是讲道理、懂是非的，因此，发生人际冲突后，个人要积极摆事实、讲道理，使对方心悦诚服，从而解决人际冲突。

任务实施

分析关于人际吸引和人际冲突的案例

【任务背景】

李明和王强是大学同班同学，也是室友。两人都喜欢打篮球，经常在课余时间约着一起去操场打篮球。因为有共同的兴趣爱好，李明和王强越走越近，经常一起上课、吃饭、讨论学习和生活中的问题等，成为好朋友。可是，有一次产生矛盾之后，他们的关系陷入了僵局。

事情的起因是完成一次小组作业。李明和王强被分到同一个小组，他们需要共同完成一份报告。两人决定分工合作，李明负责收集资料，而王强则负责撰写报告。

李明非常认真地查找资料，整理数据，按时完成了资料收集工作，并交给了王强。然而一周过去了，王强却没有开始他的任务。李明多次提醒，但王强总是以“其他课程任务繁重”为由拖延。随着提交作业日期的临近，李明决定自己撰写报告。由于时间仓促，最终的报告质量不尽如人意，报告获得了较低评分。

在这之后，李明对王强的态度发生了明显的变化。他开始对王强冷淡，甚至在其他同学面前抱怨王强懒惰和不负责任。王强对此非常不满，他认为李明不仅没有给他足够的时间，也没有理解他的困难，反而在背后诋毁他。

两人的矛盾逐渐升级，最终两人在一次寝室聚会上爆发了激烈的争吵。李明指责王强不负责任，拖累了自己；而王强则指责李明不体谅人，总是把责任推给别人。

经过这次冲突后，李明和王强几乎不再说话。寝室里的其他同学也尝试调解，却不起作用。

【实施要求】

（1）阅读上述案例，并回答以下问题：

① 案例中的人际吸引体现在哪些方面？影响因素有哪些？

② 案例中的人际冲突属于哪种类型？

③ 如果你是他们的室友，你会如何帮助他们解决冲突？

④ 在团队合作中，如何防止类似的人际冲突发生？

（2）整理上述问题的答案。

（3）教师随机挑选几名学生进行课堂分享，并对他们任务实施的成果进行点评。

任务三　了解人际沟通

任务导入

相伴相助，融洽沟通

为关爱职工心理健康，提升职工人际交往能力，营造良好工作氛围，2024 年 1 月 19 日，某心理咨询中心的老师在许昌市社会福利院开展了“如何构建和维持职场关系”心理讲座，全院 60 余名职工参加。

讲座中，老师主要围绕倾听、表达等内容，采取理论讲授与经验分享相结合的方式，以倾听的重要性为切入点，结合职工的工作实际，通过幽默风趣的语言和生动的案例分享，多层次、多角度帮助职工了解自己在团队中的角色定位，掌握“求同存异、取长补短、真诚热情、主动沟通”等人际沟通方法，积极营造融洽的团队协作氛围。

此次心理讲座丰富了职工的心理健康知识，帮助职工有效解决在工作与生活中遇到的情绪问题，纠正认知偏差。职工纷纷表示，在今后的工作与生活中，一定会注意沟通方法和技巧，积极构建良好的工作关系、家庭关系。

（资料来源：《相伴相助 融洽沟通——许昌市社会福利院开展“如何构建和维持职场关系”心理讲座》，许昌市人民政府官网，2024 年 1 月 22 日）

思考：

（1）什么是人际沟通？

（2）人际沟通的影响因素有哪些？

一、人际沟通的定义

人际沟通是指人与人之间传递信息、沟通思想、交流感情的过程。完整的人际沟通过程如图 6-7 所示。

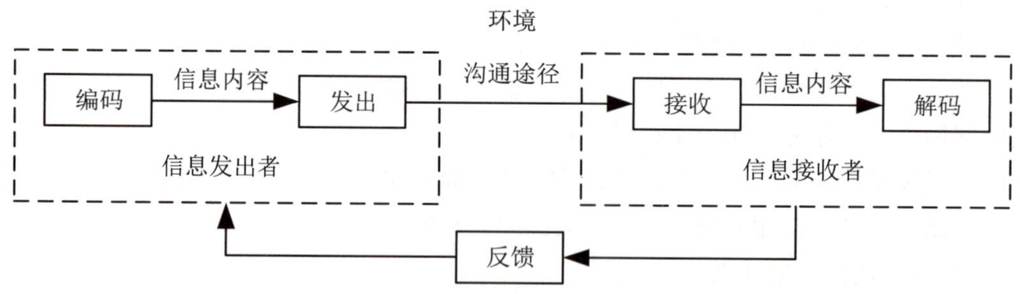

图 6-7　完整的人际沟通过程

由图 6-7 可知，人际沟通的要素有信息发出者、信息接收者、信息内容、沟通途径、反馈和环境等。

（1）信息发出者，是将信息编码并发出的人。

（2）信息接收者，是接收并解码信息的人。

（3）信息内容，是信息发出者希望传达的观点、态度和意见等，包括用语言和副语言所表达的全部内容。

副语言是指在交往过程中伴随语言出现的非语言方式。副语言主要可分为两类：一类是有声的，包括笑声、哭声、清嗓子声等；一类是无声的，包括手势、面部表情、空间位置等。

（4）沟通途径，是信息从信息发出者传递到信息接收者所通过的渠道。

（5）反馈，是信息从信息接收者返回到信息发出者的过程。通过反馈，信息发出者可以了解信息是否被准确理解，以及信息接收者的态度和感受，从而及时调整沟通方式和内容，确保沟通顺畅。

（6）环境，是沟通时所处的场所。

沟通有方，相处有道

为了增强青少年的沟通能力，构建同伴之间和谐共处的良好关系，广西壮族自治区南宁市良庆区团委联合南宁市良庆区青年志愿者协会在良庆区大塘镇太安教学点开展“沟通有方 相处有道”青少年同伴相处主题活动。

本次活动主要分为情景模拟、知识讲解、故事分享、相互赞美四个环节。活动中，社工通过模拟因被嘲笑而打群架的情景，引出人际交往中可能遇到的问题和正确处理矛盾的方法。接着，社工进行知识讲解，并分享《萤火虫找朋友》的故事，讲述进行人际交往的意义，教授青少年沟通技巧，使其体验与同伴友好相处带来的快乐。最后，社工向青少年讲解赞美的力量，引导青少年自由发言，相互赞美，让青少年学会向他人表达赞美之情。

活动结束后，青少年分享学习心得，纷纷表示将主动与同学、朋友多沟通交流，在交往中相互学习、相互理解、相互帮助。

本次活动为青少年提供了一个相互学习、沟通的平台，引导青少年习得与同伴相处的技巧，进一步提升了青少年的人际沟通能力。

（资料来源：《“沟通有方 相处有道”良庆区青少年人际交往活动》，广西南宁市良庆区人民政府官网，2022 年 10 月 14 日）

二、人际沟通的类型

（一）按信息载体划分

按信息载体划分，人际沟通可分为语言沟通和非语言沟通。

语言沟通是指以语词符号为载体进行的沟通，主要包括口头沟通（如面谈）、书面沟通和电子沟通等。非语言沟通是指通过听觉、视觉、嗅觉、触觉等多种渠道传递信息而进行的沟通。语言沟通和非语言沟通各有其重要性，在不同场合发挥着不同的作用。

（二）按是否有中间人划分

按是否有中间人划分，人际沟通可分为直接沟通和间接沟通。

1．直接沟通

直接沟通是指信息发出者和信息接收者之间直接进行的沟通，如沟通双方进行面对面谈话或借助电话、网络通信工具直接对话等。直接沟通的优点是沟通双方能够直接感受到对方的情绪，不会造成信息遗漏或失真，并且反馈迅速，沟通效果较好；缺点是当沟通双方的情绪波动较大时，会影响沟通进程，例如，A 说的话让 B 感到不满时，B 很可能会直接回击，双方的交谈就可能演变为争吵。

2．间接沟通

间接沟通是指信息发出者和信息接收者之间存在一个或一个以上中间人的沟通。例如，总经理的指示经过部门经理、车间主任、工长等中间人传达给工人。间接沟通的优点是沟通过程不会受到感情、沟通氛围等因素的影响；缺点是在沟通过程中无法体现态度、感情，而且中间人过多时可能会造成信息遗漏或失真。

（三）按沟通渠道划分

按沟通渠道划分，人际沟通可分为正式沟通和非正式沟通。

1．正式沟通

正式沟通是指以正式组织系统为渠道的沟通，如图 6-8 所示。正式沟通的特点在于沟通渠道固定，信息准确。在正式沟通过程中，沟通双方非常注重语言和非语言信息，会用词更准确，对于衣着、姿势、目光等也会十分注意，以便为自己塑造良好的形象。

按信息流动方向划分，正式沟通又可分为平行沟通、上行沟通和下行沟通。

平行沟通是指同一管理层次的员工之间的沟通。平行沟通可以增进组织成员之间的了解，有助于其培养全局观念和合作精神，提高工作效率。

上行沟通是指信息从下级流向上级的沟通，即自下而上的沟通，如下级向上级汇报工作、反映问题等。上行沟通便于管理者了解组织的现状，从而改进工作。

下行沟通是指信息从上级流向下级的沟通，即自上而下的沟通，如上级向下级下达命令、安排任务等。下行沟通有利于组织成员及时了解组织目标和上级意图，增强对组织的归属感。

图 6-8　正式沟通

2．非正式沟通

非正式沟通是指以非正式组织或个人为渠道的沟通，如人们在餐厅、健身房（见图 6-9）等场所进行的沟通。非正式沟通的特点是形式灵活，但信息不一定可靠。人们在非正式沟通中往往更容易表达出自己的思想、动机、态度、情感和目的，而且对语言和非语言的使用都比较随意。

图 6-9　在健身房沟通的人

（四）按是否有信息反馈划分

按是否有信息反馈划分，人际沟通可分为单向沟通和双向沟通。

1．单向沟通

单向沟通是指没有信息反馈的沟通，如指示、通知、命令等。单向沟通主要适用于以下情况：① 问题较简单，且时间紧迫的情况；② 下级对解决方案易于接受的情况；③ 下级没有掌握足够的信息，反馈后反而容易混淆视听的情况；④ 上级缺乏处理负反馈能力的情况。

2. 双向沟通

双向沟通是指有信息反馈的沟通，如讨论、协商等。双向沟通主要适用于以下情况：① 问题较复杂，且时间较充裕的情况；② 下级对解决方案的接受程度至关重要的情况；③ 下级能够提供有价值的信息，有利于解决问题的情况；④ 上级习惯于双向沟通，并且能够有效处理负反馈的情况。

你与朋友、父母、老师的沟通，分别属于哪种类型的人际沟通？

三、人际沟通的作用

人际沟通是人们生活中不可或缺的活动，是人们相互理解、相互合作、共同发展的桥梁，具有传递信息、增进理解、解决冲突和问题、促进个人成长、建立良好人际关系等作用。

（一）传递信息

在人际沟通中，人们可以借助口头言语、书面文字等迅速、准确地传递信息。例如，教师通过与学生进行沟通，可以向学生传递知识、经验和道理等。

（二）增进理解

通过人际沟通，人们可以了解彼此的想法和态度，交流情感或解决各种问题，增进相互之间的理解。

100 块钱的价值

一天，父亲下班回到家已经很晚了，他很累，也有点烦。刚进门，他看见 7 岁的儿子在等他。

“爸爸，我可以问你一个问题吗？”

“什么问题？”

“你 1 个小时可以赚多少钱？”

“你为什么问这个问题？”父亲生气地说。

“我只是想知道，请你告诉我。”孩子哀求道。

“我 1 个小时赚 100 块钱。”父亲回答说。

“哦，”孩子低下了头，接着又说，“爸爸，可以借我 50 块钱吗？”

父亲发怒了：“如果你是要钱去买没用的玩具，就立刻给我回房间睡觉去！我每天

辛苦赚钱，不是让你来挥霍的！”

孩子默默地回到自己的房间并关上了门。

父亲坐下来后还在生气。后来，他平静下来，心想自己可能对孩子太凶了，也许孩子真的很想买什么东西，因为他平时很少要过钱。

父亲走进孩子的房间问：“你睡了吗？”

“还没有，爸爸。”孩子回答。

父亲说：“我刚才不应该发那么大的火，这是你要的50块钱。”

“谢谢爸爸。”孩子高兴地从枕头下拿出一些被弄皱的钱，慢慢地数起来。

“为什么你已经有钱了还跟我要？”父亲不解地问。

“因为原来不够，但现在凑够了，”孩子说，“爸爸，我现在有100块钱了，我可以向你买1个小时的时间吗？明天请你早一点回家，我想和你一起吃晚饭。”

（三）解决冲突和问题

在人际交往中，人们难免会产生各种冲突和问题，这时就需要通过人际沟通来解决。通过人际沟通，人们可以了解对方的观点和需求，寻找共同点和解决办法，从而达成共识或找到最佳解决方案。同时，人际沟通还有助于人们建立良好的反馈机制，及时发现和解决问题。

（四）促进个人成长

通过人际沟通，人们可以更好地认识自己，了解自己的长处和不足，从而更好地发挥自己的长处，弥补自己的不足。此外，在与他人沟通的过程中，人们还可以学习到新的知识、经验和技能，拓宽自己的视野，提高自己的综合素质。

（五）建立良好人际关系

通过人际沟通，人们可以更好地了解他人的需求和意愿，增进彼此之间的信任，建立良好的人际关系。

四、人际沟通的影响因素

人际沟通的影响因素主要有影响信息发出者的因素、影响沟通途径的因素和影响信息接收者的因素等。

（一）影响信息发出者的因素

1. 信息发出者的背景

信息发出者的教育水平、个人经历等会影响其对信息的理解和表达。例如，文化背景不同的人在表达同一意思时，可能使用不同的词汇和表达方式。

2．信息发出者的情绪状态

信息发出者自身的情绪状态会影响其沟通意愿和表达方式。例如，愤怒或紧张的情绪可能导致信息发出者无法清晰、准确地传递信息。

3．信息发出者的沟通能力

信息发出者的语言沟通能力和非语言沟通能力会影响信息的传递效果，沟通能力强的人更容易清楚地表达自己的意思。

（二）影响沟通途径的因素

1．沟通途径本身的特点

不同的沟通途径（如电话沟通、书面沟通等）各有优缺点，对所传递信息的完整性和即时性有不同的影响。例如，使用书面沟通（如电子邮件）可以完整地传递并长久地保存沟通信息，方便日后查阅；但使用书面沟通可能难以直观和生动地传递情感，容易造成误解或沟通障碍。因此，在沟通时，个人要根据不同的沟通内容选择合适的沟通途径。

2．沟通环境和设备

沟通时的环境差（如噪声大）或沟通设备存在问题（如网络延迟）等可能导致信息失真或传递不及时。噪声干扰会使得信息接收者收不到完整信息或误解信息；而网络延迟则可能导致信息传输的速度减慢，甚至造成信息传输中断，进而影响信息传递的及时性。

（三）影响信息接收者的因素

1．信息接收者的理解能力

信息接收者的理解能力会影响他们对信息的解读。理解能力强的信息接收者更容易准确地理解复杂的信息。

2．信息接收者的状态

信息接收者的情绪状态和注意力集中程度会影响他们对信息的接收和处理。例如，人们在比较紧张时，可能无法集中注意力，从而误解信息或忽略重要信息。

五、人际沟通的原则

人际沟通的原则主要有尊重理解原则、以诚相待原则、谦虚宽容原则和准确恰当原则。

四颗糖果的故事

（一）尊重理解原则

尊重和理解是人际沟通的基础。个人在人际沟通中应遵守尊重理解原则，具体应做到以下几点：

（1）使用“您”“谢谢”“请”等礼貌用语，从而让他人感受到被尊重。

（2）保持友好的态度，用温和的语言回应他人，不打断他人讲话，不贬低他人。

（3）耐心倾听，真正理解他人所要表达的意思。

（二）以诚相待原则

真诚是人际沟通得以顺利进行的保证。在人际沟通中，个人要真诚地对待他人，不夸大、不掩饰，诚实地表达自己的想法、感受和需求。

（三）谦虚宽容原则

在人际沟通中，个人要谦虚，多向他人学习，多关注他人的感受，而不是自顾自地侃侃而谈。同时，对于他人在沟通中出现的错误，应保持宽容态度，不斤斤计较。

（四）准确恰当原则

遵守准确恰当原则是确保人际沟通效果的关键，个人只有让他人准确、清晰地理解自己的意思和观点，才能达到沟通的目的。在人际沟通中应遵守准确恰当原则，具体应做到以下几点：

（1）发音准确、恰当。

（2）使用准确和恰当的词汇，避免使用含混不清的词汇。

（3）明确表达自己的观点和意见，避免使用具有歧义的表达方式。

（4）确保信息准确，避免传递错误或虚假的信息。

（5）及时给予反馈，以便更好地沟通。

人际沟通中的倾听技巧

人际沟通中的倾听技巧主要有以下几个。

1．专心倾听

专心倾听是指在人际沟通过程中，倾听者要尽量避免受到环境影响，或将环境影响降至最低，并适时、适度地用肢体语言表示自己正在认真倾听。

2．不急于下结论

在人际沟通过程中，倾听者不要在接收到完整信息之前就盲目下结论，而要保持冷静、理智，在掌握全面、完整的信息之后，再对信息进行分析，并给出结论。

3．在必要时记笔记

在人际沟通过程中，对于说话者所传递的重要信息，或逻辑性比较强、难以快速记住和理解的信息，可用笔记下来。这样不仅能避免错过重要信息，而且能让说话者感受到倾听者对其所说内容的重视。

4．适当沉默

适当沉默能激发说话者不断试探倾听者的意图，有时还能起到缓和紧张气氛的作用。需要注意的是，倾听者一定要把握好沉默的时机和时长，既不宜在该发表见解的时候沉默不语，也不宜长时间地保持沉默。

5．适度共情

在人际沟通过程中，倾听者要学会站在对方的立场上考虑问题，体会对方的感受，并对对方的感情做出积极的回应。

任务实施

模拟人际沟通情景

【任务背景】

在日常生活、学习和工作中，人际沟通无处不在。进行有效的人际沟通，人们能准确地传达自己的观点、思想和情感，从而拉近与他人之间的距离。模拟人际沟通情景，有助于我们进一步理解人际沟通的作用、影响因素和原则等，从而在实际活动中进行有效的人际沟通。

【实施要求】

（1）学生自由分组，每组 4～6 人，并选出一名小组长。

（2）各小组设置 1～2 个人际沟通情景，如拜访长辈、接待客户、求职面试、调解纠纷等情景，小组成员分角色进行情景模拟。需要注意的是，在情景模拟过程中应合理运用人际沟通的相关知识。

（3）各小组将情景模拟的过程拍摄成视频，并进行简单加工。

（4）小组长进行课堂分享，教师进行点评。

学习成果自测

1．填空题

（1）按关系亲疏划分，人际关系可分为____________和____________。

（2）人际吸引的影响因素主要有相近因素、____________和____________。

（3）人际冲突的类型包括个人与个人之间的冲突、____________和____________三类。

（4）人际沟通的要素有信息发出者、____________、____________、____________、____________和环境。

2．选择题

（1）按（　　）划分，人际关系可分为工具性关系、情感性关系和混合性关系等。

A．扮演的角色　　B．关系亲疏

C．交往目的　　D．心理倾向

（2）下列选项中，（　　）不属于增强人际吸引力的方法。

A．故意揭人短处　　B．提高人际交往能力

C．保持良好形象　　D．积极互动

（3）（　　）是以非正式组织或个人为渠道的沟通。

A．正式沟通　　B．直接沟通

C．语言沟通　　D．非正式沟通

（4）下列选项中，（　　）不属于人际沟通的作用。

A．传递信息　　B．解决所有冲突

C．增进理解　　D．促进个人成长

（5）在人际沟通中，个人要谦虚，多向他人学习，多关注他人的感受，而不是自顾自地侃侃而谈。这属于（　　）。

A．尊重理解原则　　B．以诚相待原则

C．谦虚宽容原则　　D．准确恰当原则

3．简答题

（1）简述人际关系的定义。

（2）简述人际关系的作用。

（3）简述应对人际冲突的方法。

（4）简述人际沟通的影响因素。

学习成果评价

请进行学习成果评价，并将评价结果填入表 6-1 中。

表 6-1　学习成果评价表

班级：________　　姓名：________　　学号：________

评价项目	评价内容	分值	评分	
			自我评分	教师评分
知识（40%）	人际关系的定义、类型与作用	10		
	改善人际关系的方法	5		
	人际吸引与人际冲突	10		
	人际沟通的定义、类型、作用、影响因素与原则	15		
技能（40%）	能够采取合理的措施改善人际关系	20		
	能够采取合理的措施避免和应对人际冲突	20		
素养（20%）	积极学习，主动思考、讨论	5		
	具备团队精神，积极与他人合作	5		
	主动了解他人的想法和需求，与他人建立友好、互信的人际关系	5		
	认识人际沟通的重要性，树立正确的沟通理念	5		
合计		100		
自我评价				
教师评价				

项目七 群体与群体互动

项目引言

群体是构成社会的基本单位之一，是个人进行社会化的重要主体，也是个人参与社会活动的桥梁。群体互动是群体的基本活动形式，进行有效的群体互动，有利于维护个人的身心健康和促进社会的和谐发展。通过了解群体与群体互动的相关知识，人们可以更好地融入群体、融入社会。

知识目标

- 了解群体的定义、结构要素、类型与功能。
- 熟悉合作、竞争与冲突。

素质目标

- 与群体成员友好相处，构建良好的群体关系。
- 在群体生活中，培养团结协作、乐于奉献的优良品质。

任务一　了解群体

任务导入

浓浓邻里情

2024年5月，天津市滨海新区茶淀街道三明里社区举办了“扬帆邻里亲情 启航美好生活”睦邻文化节，丰富多样的活动内容吸引了众多居民参与。

活动现场设置了乐享美食区，馇鱼、东北凉皮、砂锅米线……一道道由居民精心准备的菜品整齐地摆放着，吸引了大量居民前来品尝。同时，活动现场还设置了手工制作展台，社区的巧手阿姨们亲自教大家包粽子……居民梁女士说：“这次的活动真接地气。我是湖北人，通过这个活动，我把自己的家乡菜带到这里，让更多人了解和品尝。”

此外，活动现场还设置了趣味活动，如蒙眼敲锣、趣味投壶等，居民积极参与，活动现场传出阵阵欢声笑语。这些丰富有趣的活动拉近了居民之间的距离，使居民感受到邻里协作的乐趣和邻里之间的温情。

（资料来源：崔磊、秦晓伟，《家园|茶淀街道三明里社区举办“扬帆邻里亲情 启航美好生活”睦邻文化节》，津滨网，2024年5月27日）

思考：

（1）什么是群体？群体的类型有哪些？上述案例中的群体属于哪种类型？

（2）群体的功能有哪些？上述案例体现了群体的哪些功能？

一、群体的定义

群体是指由两个及以上拥有共同的利益、目标和稳定的社会关系的成员组成的集合体。并非所有人群都可以称为群体。例如，一场演出所吸引来的观众（见图7-1）、一场促销活动所吸引来的消费者等，尽管他们都是聚集起来的一群人，但他们并没有形成稳定的社会关系，只是短暂地、偶然地聚集，所以这些人群不属于群体。

具体而言，群体具有以下内涵：

（1）群体成员之间具有稳定的社会关系。群体内部具有稳定的结构，这种稳定的结构使群体成员之间的关系具有稳定性。

（2）群体成员之间有持续的社会互动。群体成员在相互依赖、相互信任的基础上，会进行长期、稳定的社会互动。

（3）有群体意识和群体规范。群体意识是指群体成员所共有的或应有的统一意志、意

向、思想、观念，是群体成员的认同感、依存感等的集中表现。群体成员在群体活动中，会逐渐形成群体意识。同时，群体内部有一定的群体规范，群体以此来协调群体成员之间的关系和群体成员的行为。

（4）有一定的分工协作。群体内部存在分工协作，群体成员通过这种内部的分工协作达成共同目标。

图 7-1　观众

二、群体的结构要素

群体凝聚力、群体规范、群体内部关系、角色和群体决策等都是群体的结构要素，这些要素相互影响、相互制约，维系着群体稳定，推动着群体发展。

（一）群体凝聚力

群体凝聚力

群体凝聚力是指使群体成员集中于群体之中的一种强烈情感，能够使群体成员团结起来。群体凝聚力主要表现为群体对成员的吸引力和群体成员之间的相互吸引力。

1．凝聚力高的群体的特点

凝聚力高的群体主要具有以下特点：

（1）群体成员彼此了解程度深，沟通频次高，信息交流速度快。

（2）群体对成员具有较强的吸引力，成员愿意参与群体活动，且活动参与率和到场率均较高。

（3）群体成员对群体及群体内其他成员的满意度较高。

（4）群体成员具有较强的群体认同感和归属感，会共同维护群体的利益和荣誉。

2．增强群体凝聚力的措施

增强群体凝聚力的措施一般有以下几种：

（1）确立详细、明确且易于执行的群体目标。

（2）组织多样的团队建设活动，促进群体成员之间的沟通与交流，培养群体成员之间的情感。

（3）积极承担社会责任，树立良好形象，提高群体的声誉和社会地位。

（4）通过与竞争对手或相关标准进行对比，使群体成员感受到外部压力，促使群体成员之间加强沟通、协作，共同解决问题。

团结筑梦，青春飞扬

2024 年 4 月，兰州理工大学能源与动力工程学院在学校操场举办了班级凝聚力大赛。大赛共设置了 9 个项目，以班级为单位进行，旨在通过多样化的团队竞技项目，提高学生的团队协作能力、身体素质和心理素质，增强班级凝聚力。

在活动中，学生相互配合，相互鼓励，集思广益，解决问题。在制作班旗的项目中，学生积极参与，在纸上绘制出自己对班级的美好祝福。在其他各种团队协作活动中，学生们更是步调统一、节奏齐整，尽显团队默契。

此次班级凝聚力大赛不仅丰富了学生的课余生活，增进了学生之间的友谊，培养了学生的团队合作精神，也给学生提供了实践锻炼和交流互动的机会，有助于促进学生德智体美劳全面发展。

（资料来源：叶泽国，《风华正茂，神采飞扬——能动学院举办 2024 年班级凝聚力大赛》，兰州理工大学新闻网，2024 年 4 月 17 日）

（二）群体规范

群体规范是指群体用来规范和约束成员行为的准则，包括制度、纪律、道德、风俗和信仰等。

群体规范一般包括正式规范和非正式规范。其中，正式规范是明文规定的，非正式规范是约定俗成的。无论哪一种群体规范，都起着维护群体和谐、约束成员行为的作用。

生活中，哪些群体规范是正式规范，哪些群体规范是非正式规范？请举例说明。

（三）群体内部关系

群体不是由单个成员相加形成的，而是多个成员相互联系、相互作用的结果。这种群体成员之间的相互联系与相互作用，就构成了群体内部关系。

不同规模群体的内部关系有所不同。例如，规模较大的群体成员人数较多，群体规范较

复杂，分工方式较多，成员之间的关系也更加复杂，因此，这种群体有可能出现凝聚力不强、内部分化等问题。

（四）角色

群体中的主要角色有普通成员、管理者和领导者。其中，管理者通常由上级任命，对他人的影响力主要来源于职权；领导者是指在群体中处于中心位置，能够影响其他成员思想和行为的人。其中，领导者既可以是由上级任命的，也可以是由群体成员共同推选出来的。

（五）群体决策

群体决策是指群体有目的地组织群体成员共同参与做出决定。同个人决策相比，群体决策的主要优点有以下两个：

（1）有利于集中不同领域群体成员的智慧，应对复杂的决策问题，从而使决策更加合理。

（2）决策容易得到群体成员的普遍认同，有助于顺利实施。

三、群体的类型

（一）按群体成员之间的亲密程度划分

按群体成员之间的亲密程度划分，群体可分为初级群体与次级群体。

初级群体是指人际关系比较亲密的群体。初级群体的特点包括成员人数较少、成员之间通常采用面对面的互动方式、成员之间以情感为纽带、主要以风俗习惯和伦理道德为群体控制手段等。基本的初级群体包括家庭、邻里等。

次级群体是指人们基于功利的目的而组织起来的群体。次级群体的特点包括成员人数较多、成员之间的互动频率比初级群体低、成员之间不以情感为纽带、主要以社会规范为群体控制手段等。基本的次级群体包括工会、政党、学术团体等。

（二）按群体的正式程度和成员之间的互动方式划分

按群体的正式程度和成员之间的互动方式划分，群体可分为正式群体与非正式群体。

正式群体是指按正式的社会规范建立并受正式规范约束的群体。正式群体成员之间的互动具有制度化、规范化的特点，成员之间的权利、义务和他们彼此之间的关系都有严格的规定。正式群体的基本要素包括明确的目标、周密的计划、共同的规范、一定的系统、执行计划的权威领导等。

非正式群体是指由一些志趣相投、信念一致、感情亲近、关系密切的人在工作和生活中自然结合而成的群体。非正式群体没有周密的计划和正规的组织机构，但成员往往有共同的价值观和不成文的群体规范，在行为上表现出一致性。老乡会、大学社团等就属于非正式群体。

（三）按群体成员心理归属划分

按群体成员心理归属划分，群体可分为内群体与外群体。

内群体又称本群体，是指成员之间关系密切的群体。在内群体中，成员对群体具有强烈的归属感、认同感和义务感，成员之间能够相互关心、融洽相处。

外群体是指与自己没有直接关联的他人所属的群体，由被内群体所排斥或其他不属于内群体的人组成。外群体的界定会随着群体成员心理归属的改变而发生变化。

内群体与外群体常常处于隔离甚至对立的状态。内群体成员对外群体成员具有陌生感，当产生矛盾时，彼此容易发生冲突。

课堂互动

请结合示例和所学知识，将下列句子补充完整，并在课堂上分享。

示例：我与父母组成的群体属于初级群体。

（1）我与＿＿＿＿＿＿＿＿组成的群体属于次级群体。

（2）我与＿＿＿＿＿＿＿＿组成的群体属于正式群体。

（3）我与＿＿＿＿＿＿＿＿组成的群体属于非正式群体。

（4）我与＿＿＿＿＿＿＿＿组成的群体属于内群体。

（5）我与＿＿＿＿＿＿＿＿组成的群体属于外群体。

四、群体的功能

群体的功能主要有社交互动功能、情感支持功能、文化传承功能和社会化功能。

（一）社交互动功能

群体为成员提供了一个社交平台。在群体中，人们能够相互分享资源、交流情感等，从而建立良好的人际关系。

（二）情感支持功能

在群体中，当某成员遇到困难时，其他成员通常会为其提供安慰、鼓励等情感支持；当某成员取得成就时，其他成员也通常会对其进行赞扬和祝贺。

（三）文化传承功能

一般而言，各类群体会潜移默化地将知识、道德规范、价值观、传统技艺等传递给群体中的下一代，从而实现文化传承。例如，学校在教授学生知识的同时，会将学校倡导的精神、理念等传递给学生。又如，有些群体会通过举办手工艺品制作活动（如剪纸，见图 7-2）等方式，使传统手工艺代代相传。

图 7-2　剪纸

传承老手艺，激活新动力

（四）社会化功能

群体在个人社会化过程中扮演着重要的角色。群体通过教育、引导等方式，可以让成员逐渐熟悉社会规范、适应社会生活，从而更好地成长和发展。

任务实施

分享关于群体的电影

【任务背景】

电影《夺冠》讲述了几代中国女排历经沉浮、不屈不挠、为国拼搏的传奇经历。

电影《点点星光》讲述了跳绳队克服困难、挑战自我，最终赢得跳绳比赛的励志故事。

电影《长津湖》讲述了中国人民志愿军在极其恶劣的环境下赴朝作战的英雄故事，重现了抗美援朝的残酷岁月。

……

很多电影中都会展示群体，或表现群体的成长状况，或弘扬群体顽强拼搏的精神，或讴歌群体无私奉献的行为……分享关于群体的电影，有助于我们进一步了解群体。

【实施要求】

（1）学生自由分组，每组 5～6 人，并选出一名小组长。

（2）各小组选择某部展现群体的电影，分析该群体的结构要素、类型和功能等，并分享观看电影后的思想感悟。需要注意的是，所选电影的主题、思想和内容应积极向上，无不良导向。

（3）各小组将电影介绍、理论分析、思想感悟等制作成 PPT。

（4）小组长进行课堂分享，教师进行点评。

任务二　熟悉群体互动

任务导入

多位医师合作切除肿瘤

45 岁的盛女士到医院体检，被确诊为患有静脉内平滑肌瘤病。医师表示，她极易晕厥甚至猝死，必须尽快做手术。

由于手术涉及多个方面，上海市第一人民医院放射科、心脏及大血管外科等科室的多位医师都参与了大会诊，从医学影像、手术总体方案、手术分工、术中风险等角度做了详尽的分析和讨论。

手术当日，手术室的护士早早完成了术前准备工作，麻醉科医师为患者实施了个体化精准麻醉。手术开始后，先由肝胆外科主任医师、血管外科副主任医师取出患者下腔静脉内长约 25 厘米的平滑肌瘤组织。随后，主治医师协助心脏及大血管外科团队，有惊无险地取出了患者右心房内约 2 厘米的肌瘤。最后，又经过数小时的精细操作，妇科肿瘤团队完整地取出了患者下腔静脉肌瘤、子宫及双侧附件，这场手术终于顺利完成。

（资料来源：《子宫肌瘤爬进右心房 八大学科接力手术拆除“血管炸弹”上海市第一人民医院多学科合作切除近 30 厘米长静脉平滑肌瘤》，上海市第一人民医院新闻中心，2020 年 10 月 17 日）

思考：

（1）什么是合作？合作有哪些类型？

（2）上述案例体现了合作的哪种类型？

在实际生活中，群体之间、群体成员之间会进行各种互动，以完成任务、实现信息共享、获得情感支持等。群体互动的方式多种多样，一般包括合作、竞争、冲突等。

一、合作

（一）合作的定义

合作是指群体之间或群体成员之间为了达到共同的目的而相互配合的互动方式。合作是一种重要的、具有建设性的群体互动方式，对于增进人际关系、推动群体发展具有重要意义。

（二）合作的类型

合作的类型主要有自发性合作、传统性合作、指令性合作和合同性合作。

1．自发性合作

自发性合作是指合作者基于共同的利益和目标而自然形成的合作。在这种合作中，合作者往往不需要明确的指令或协议，而是自发地协调行动。例如，在救灾（见图 7-3）过程中，不同群体（如医生、消防员等），往往能够迅速形成自发性合作，共同为受灾群众提供帮助。

图 7-3　救灾

同步案例

洪灾中的公益救援队

小唐是广西壮族自治区桂林市潜途应急救援队的队长。潜途应急救援队作为一支纯公益的社会搜救力量，参与过不少灾害救援工作。

2024 年 6 月 19 日，受持续强降雨及漓江上游水库相继泄洪影响，桂林市各主要河流水位暴涨。洪水灌入城市，没过了城区的多条主干道，导致不少市民出行困难，有的被困在学校、公司，有的急需前往医院就医却难以出行，还有的在路上遇到险情亟待脱困……

“我们救援队的队员大多是 30 来岁的年轻人，有公安民警、教师、医生和自由职业者，遇到险情后，大家会迅速集结。”小唐说。6 月 19 日中午，接到桂林市海事局的通知，小唐马上召集十多名队友开展救援。

下午两点左右，他们来到一家幼儿园转移被困师生。幼儿园外的道路上，洪水漫过了救援队员的膝盖。虽然水不算深，但水流很急，要划船逆行很困难，队员们蹚水拖着橡皮艇努力前进，最后成功将所有师生转移到了安全的地方。

让救援队揪心的是，很多市民对水下潜伏的危险一无所知。当天下午，救援队遇到一位老人横穿马路，老人走到一半时，发现街道另一边水位陡然升高了不少，正犹豫时差点被急流冲倒，于是赶紧抱住身旁的一棵大树等待救援。危急之时，小唐带上一件救生衣，奋力向老人游去。在队友的协助下，小唐一鼓作气游到老人身旁，递上救生衣，并成功劝说老人折返。

小唐表示，在救援过程中，看到越来越多的人加入救援队伍，他深刻体会到“一方有难，八方支援”的真正含义。

（资料来源：谢洋，《洪灾中的公益救援队员》，《中国青年报》，2024 年 6 月 22 日）

2．传统性合作

传统性合作是指合作者以长期形成的社会规范为指导而进行的合作。传统性合作通常存在于家庭和社区等初级群体中，如家庭成员之间的分工合作。在这种合作中，合作者遵循着既定的规则和习惯，通过默契和共识来协调行动。

3．指令性合作

指令性合作是指合作者在权威的第三方指导下进行的合作，如某企业的两个部门在总经理的指导下进行的合作。这种合作通常具有高度的组织性和纪律性，能够确保任务的顺利完成。

4．合同性合作

合同性合作是指合作者根据具有契约性质的协议进行的合作，如图 7-4 所示。在这种合作中，合作者通过签订合同或协议来规定各自的权利和义务，以确保合作的顺利进行。合同性合作通常具有法律约束力，能够保障合作者的利益。

图 7-4　合同性合作

（三）合作的基本条件

（1）合作者至少具有短期的共同目标。

（2）在合作中，合作者必须遵守共同认可的社会规范和群体规范。

（3）合作者之间应相互信赖。

（4）合作者需要拥有赖以生存和发展的资源，如物资、时间等。

课堂互动

两人一组，完成以下活动：

每组同学背靠背坐着，通过合作的方式同时站起来。需要注意的是，在站起来的过程中，不能用手撑地或借助其他外力。

二、竞争

（一）竞争的定义

竞争是指群体之间或群体成员之间为了获得同一目标物而进行争夺的互动方式。社会资源和社会机会的相对有限性，群体之间或群体成员之间对资源、机会、地位、权力等追求的相对合理性，使群体之间或群体成员之间不自觉地进行竞争。

值得注意的是，竞争的目的是获得目标物，而不是反对竞争对象；竞争与合作是可以共存的，且公平的竞争可以促进社会的良性发展。

（二）竞争的影响

竞争的影响可以分为积极影响和消极影响。

1．积极影响

（1）激发群体成员的潜力。在竞争中，群体成员获得尊重的需要和自我实现的需要更为强烈。他们可能会在克服困难、应对挑战的过程中激发自身潜力，以争取胜利。

需要层次论

美国社会心理学家和比较心理学家马斯洛将人的需要由低到高分成五个层次：① 生理需要，指对衣、食、住等方面的需要；② 安全需要，指对免遭危险与威胁的需要；③ 社交需要，指对归属感与爱的需要；④ 尊重需要，指对自尊心、荣誉感等的需要；⑤ 自我实现需要，指对实现个人理想、抱负，最大程度地发挥个人能力，完成与自身能力相称的一切事情的需要。

马斯洛认为，人的需要由低到高逐级上升，只有较低层次的需要基本得到满足后，较高层次的需要才会成为主要目标，只有未得到满足的需要才具有激励作用。

（2）客观认识自我。通过竞争，群体成员会进一步认识自己的能力，从而更客观地认识自我。

（3）增强群体凝聚力。在竞争中，群体成员会为了实现共同的目标而合作，并为此而共同克服困难。在此过程中，群体凝聚力会得到显著增强。

（4）促进群体发展。为了保持竞争优势，群体会积极探索新技术、新方法，提高整体实力。此外，在竞争中，不同群体之间会相互借鉴、取长补短，这种良性的互动能够推动群体的全面发展。

2．消极影响

（1）阻碍人际沟通。当竞争激烈时，竞争者可能为了获胜而产生敌对情绪，进而阻碍人际沟通。

（2）降低工作效率。在群体中，当群体成员之间存在不正当竞争关系时，会导致群体的工作效率降低。例如，在一个销售团队中，成员之间为争夺客户而进行不正当竞争，不仅会破坏团队和谐，更会使团队协作受阻，最终导致团队工作效率大幅下降。

（3）导致冲突。在竞争过程中，如果一方采取不正当竞争手段，就可能导致冲突。

三、冲突

（一）冲突的定义

冲突是指群体之间或群体成员之间在追求某种目标的过程中知觉到来自对方的阻挠，从而与对方产生对立行为的互动方式。冲突与竞争的区别在于，冲突者直接针对冲突对象，将注意力集中在冲突对象上，而非共同的目标物上。正因如此，冲突在形式上比竞争更加激烈，且破坏性更强。

（二）冲突的类型

冲突的类型主要有群体内部冲突和群体外部冲突两种。

1．群体内部冲突

群体内部冲突是指同一群体的成员之间为了获得某种利益而相互排斥、斗争的方式。尽管群体成员是基于共同利益和价值观而聚集在一起的，但并不意味着成员之间的思想和利益等没有冲突。群体外部环境的变化、群体内部权力的变化等都有可能使群体成员之间产生矛盾，从而引起群体内部冲突。

适当的群体内部冲突有利于明确群体规范、增进群体成员之间的感情，但激烈的冲突可能会影响群体内部关系，甚至导致群体瓦解。

2．群体外部冲突

群体外部冲突是指不同群体之间为了获得某种利益而相互排斥、斗争的方式。不同群体在社会地位、资源占有情况、群体规模、群体规范和价值观等方面均存在差异，这些差异是使不同群体之间产生摩擦和矛盾的主要原因。尤其在面对稀缺资源时，不同群体之间容易产生冲突，形成对立状态。

（三）解决冲突的方法

群体需要对冲突进行有效管理，以减小其破坏性。群体或群体成员可以采用以下几种方法来解决冲突。

1．协商

当冲突发生后，冲突者可以尝试坐下来进行平等的对话，充分表达各自的立场和需求，寻求双方都能接受的解决方案。采用这种方法，既能有效地维护双方的权益，又能有效地解决冲突。

2．回避

回避是指冲突者从冲突中退出或者抑制冲突的方法。当冲突不严重时，冲突者回避冲突、对冲突置之不理，是最好的解决方法。

3．妥协

妥协是指冲突者都主动做出一定让步而使冲突得到顺利解决的方法，即当冲突者势均力敌时，冲突者都自愿放弃一些利益，做出妥协。

4．压制

压制是指以强制手段来抑制冲突的方法。在群体中，压制通常表现为群体管理者运用职权解决争端。当冲突达到一定程度，且这种冲突给群体带来不利影响时，群体就宜采用此方法。

任务实施

分享关于群体互动的案例

【任务背景】

合作、竞争、冲突是群体互动的重要方式，影响着群体成员的成长与发展。在生活中，你在群体中是否参与过合作、竞争？是否与群体成员产生过冲突？

【实施要求】

（1）学生自由分组，每组 5～6 人，并选出一名小组长。

（2）各小组的成员轮流分享自己关于群体互动的案例。每名成员在分享时，应说明群体互动的方式。如果互动方式是合作，应说明合作的类型和基本条件等；如果是竞争，应说明竞争的影响；如果是冲突，应说明冲突的类型和解决方法等。

（3）各小组汇总和整理成员分享的案例，并将其制作成 PPT。

（4）小组长进行课堂分享，教师进行点评。

学习成果自测

1．填空题

（1）群体凝聚力、____________、____________、____________和群体决策等都是群体的结构要素。

（2）合作的类型主要有自发性合作、____________、____________和合同性合作。

（3）解决冲突的方法主要有____________、____________、妥协和强制等。

2. 选择题

（1）按群体成员之间的亲密程度划分，群体可分为（　　）。

A. 大群体与小群体

B. 内群体与外群体

C. 正式群体与非正式群体

D. 初级群体与次级群体

（2）在群体中，当某成员遇到困难时，其他成员通常会为其提供安慰、鼓励等情感支持，这体现了群体的（　　）。

A. 情感支持功能　　B. 社会化功能

C. 文化传承功能　　D. 社交互动功能

（3）合作的基本条件不包括（　　）。

A. 相互信赖

B. 有共同目标

C. 相互压制

D. 遵守共同认可的社会规范和群体规范

（4）竞争的消极影响不包括（　　）。

A. 阻碍人际沟通　　B. 降低工作效率

C. 客观认识自我　　D. 导致冲突

（5）（　　）是指群体之间或群体成员之间在追求某种目标的过程中知觉到来自对方的阻挠，从而与对方产生对立行为的互动方式。

A. 竞争　　B. 冲突

C. 同化　　D. 合作

3. 简答题

（1）简述群体的内涵。

（2）简述增强群体凝聚力的措施。

（3）简述竞争的积极影响。

学习成果评价

请进行学习成果评价，并将评价结果填入表 7-1 中。

表 7-1　学习成果评价表

班级：________　　姓名：________　　学号：________

评价项目	评价内容	分值	评分	
			自我评分	教师评分
知识（40%）	群体的定义、结构要素、类型与功能	20		
	合作、竞争与冲突	20		
技能（40%）	能够积极参与群体合作	15		
	能够适当参与群体竞争	10		
	能够解决群体冲突	15		
素养（20%）	积极学习，主动思考、讨论	5		
	具备团队精神，积极与他人合作	5		
	与群体成员友好相处，构建良好的群体关系	5		
	在群体生活中，培养团结协作、乐于奉献的优良品质	5		
合计		100		
自我评价				
教师评价				

项目八 社会影响

项目引言

人们在生活中会受到他人、群体、社会的各种影响，这些影响不仅会使人改变行为方式，还会使人改变思想观念和价值取向。良好的社会影响会促使个人积极向上，促进社会和谐发展；不好的社会影响则会导致个人退步，甚至影响社会稳定。学习社会影响的相关知识，有助于个人培养独立思考的能力，在实际生活中有选择地接受社会影响。

知识目标

- 了解社会影响的定义、表现与类型。
- 熟悉从众、依从、顺从与暗示。

素质目标

- 积极传播和践行正向的价值观。
- 积极接受良好的社会影响，将个人发展与时代发展紧密结合，为促进社会发展贡献自己的力量。

任务一　了解社会影响

任务导入

运动健身正成为生活新时尚

2024 年 8 月，中国青年报社社会调查中心联合问卷网对 1 000 名受访者进行的“全民健身日”专题调查显示，88.9%的受访者有运动健身的习惯；60.9%的受访者表示坚持运动健身能够使自己心情愉悦，状态更好；90.6%的受访者认为运动健身正成为一种生活新时尚。

吴某非常喜欢运动，平均每周去 3 次健身房进行运动健身。她说：“运动健身能从心理层面给我带来安慰，让我精神饱满。每次运动完，我都会产生愉悦感。”吴某表示，很多人都在通过运动健身来使自己的状态变得更好，使自己养成更健康的生活方式，因此运动健身将成为一种生活新时尚。

马某是一位年轻的妈妈，平时要照顾两个孩子。某天，在家长聚会上，她发现家长们的聊天话题都围绕着运动健身。马某说：“以前，家长们聚在一起都是讨论孩子。现在，家长们都在讨论哪些运动项目的健身效果好，感觉家长们都对运动健身十分关注。”聚会结束后，马某也决定加入运动健身行列。

宋某是一位退休老人，每天早上，他会准时到公园广场打一个小时的太极拳。一开始，他与同小区的老人一起打太极拳，后来，一些在附近上班的年轻人也加入进来。现在，跟着宋某打太极拳的人越来越多，他成了大家口中的“宋老师”。

运动健身不仅能够丰富人们的生活，更能提高人们的健康水平。根据“全民健身日”专题调查结果，跑步、健步走、跳绳等运动项目深受人们喜爱，人们对运动健身充满热情，运动健身正成为一种生活新时尚。

（资料来源：杜园春，《超九成受访者感到运动健身正成为生活新时尚》，《中国青年报》，2024 年 8 月 8 日）

思考：

（1）什么是社会影响？

（2）上述案例体现了社会影响的哪种表现？属于社会影响的哪种类型？

一、社会影响的定义

社会影响是指他人的言辞、行为或在场对个人的思想、态度或行为等所产生的作用。社会影响不是单个人的属性，而是人们的相互作用。

社会影响的程度深浅、范围大小，取决于人们之间的目标是否一致，关系是否协调。例如，拥有共同目标且关系和谐的两个人就容易相互影响；反之，任何一方都不容易受对方的影响。

二、社会影响的表现

社会影响对个人的作用是多方面的，具有复杂性和多样性，其表现主要有时尚、流言和集群行为。

（一）时尚

1．时尚的定义

时尚是指在一定时期内，在某一群体中或整个社会上普遍流行并为众人崇尚和效仿的行为模式或生活方式。具体而言，时尚具有以下内涵：

（1）时尚在一定时期内盛行，并以事物、行为方式、观念等各种形式表现出来。

（2）时尚因影响范围的大小、持续时间的长短、追求者身心投入的程度等不同，表现为时髦、狂热等。

时髦是指一个时期内相当多的人对特定的趣味、语言、思想和行为等各种模式的跟随和追求现象。时髦首先表现在少数人身上，影响范围较小，后影响范围逐渐扩大，但持续时间很短。

狂热是指个人或群体受外在刺激所产生的爆发性的、短暂的、极度冲动的行为的现象。狂热的个人或群体缺乏理智，被情绪支配，不听劝告，不顾后果，容易做出疯狂的举动。

（3）时尚虽不具有社会强制力，但作为一种群体性的行为，它通常与社会的政治、经济、文化状况密切相关，展现了社会的精神风貌，反映了社会的伦理观、价值观和审美观，也蕴含着影响群体与社会活动的特殊力量。

2．时尚的特点

时尚的特点主要有以下几个：

（1）新奇性。时尚常以新异独特的形式吸引人。

（2）周期性。时尚一般会经历兴起、发展、消失的过程。

（3）独特性与普遍性。个人通过追求时尚来展现自己的独特品位和风格，而社会则通过时尚来形成某种共同的审美标准和流行趋势。

从观念方面看，你认为当下的时尚有哪些？

（二）流言

1. 流言的定义

流言是指在非正式群体中私下传播的没有依据的消息。流言通常不是平均地传播给社会上的每一个人，而是有选择地传播给那些与流言内容有关系的个人。

流言的产生必须具备两个条件：一是有相当多的人对某一事件感兴趣或者非常关心，二是大家都缺乏关于该事件的信息。

2. 流言的特点

流言的特点主要有以下几个：

（1）通过非官方、非正式的渠道传播。

（2）传播内容具有吸引力，容易引起人们的关注。

（3）经多人传播，且传播速度快。

（4）传播内容不固定，传播者往往有意或无意地修饰传播内容。

流言在传播过程中内容变化的特点

流言在传播过程中内容变化的特点主要有以下几个：

（1）简化。在传播流言的过程，传播者可能因遗漏许多细节信息，从而导致流言内容越来越简略。

（2）强化。传播者可能会对其中的某些内容更关注或更有兴趣，从而在传播流言时特别强调此内容。

（3）同化。传播者会根据自己的知识、经验、兴趣、愿望，甚至偏见等来理解并重新组织、加工流言的内容，随后再传播开来。这一过程使得流言的内容逐渐与传播者的主观认知相一致。

（4）异化。经过口头传播，最初产生的流言到最后可能已经变得面目全非。

3. 流言的类型

按产生动机和内容的不同，流言可以分为以下三类：

（1）愿望型流言。该类流言反映了传播者的某些共同需求或期望。

（2）恐怖型流言。该类流言反映了传播者在特定社会时期（如发生自然灾害、战争、政变等事件的时期）的紧张或恐惧心理。

（3）敌意型流言。该类流言反映了个人之间、群体之间、个人与群体之间的某些矛盾。

（三）集群行为

1. 集群行为的定义

集群行为是指在人群聚集的情况下，众多人表现出来的不受正常社会规范约束的行为。集群行为不受现有社会规范控制，具有集群行为的人通常没有明确的目的和行动计划。

2. 集群行为的特点

集群行为的特点主要有以下几个：

（1）自发性。集群行为是人们自发的行为，人们的情绪相互感染。

（2）狂热性。具有集群行为的人缺乏理智，往往会做出狂热的举动。

（3）无组织性。集群行为是无组织、无领导的行为，混乱且没有秩序。

（4）短暂性。集群行为持续时间短，人们聚散快。

3. 集群行为的类型

集群行为可以分为以下四类：

（1）侵略性集群行为。该类集群行为通常表现为群体对特定对象的攻击或破坏，如暴乱。

（2）逃避性集群行为。该类集群行为通常出现在发生自然灾害、战争或其他紧急情况时，是人们为了躲避危险而产生的集体行为，如疏散、撤离或避难。

（3）获取性集群行为。该类集群行为通常是人们为了获取资源或利益而产生的集体行为，如人们在物价上涨时抢购商品的行为。

（4）表现性集群行为。该类集群行为通常是人们为了表达某种观点、意见或情感而产生的集体行为，如游行示威。

集群行为产生的必要条件

集群行为产生的必要条件主要有以下几个：

（1）紧张的气氛，即令人们感到压抑、紧张的社会背景。

（2）环境条件，即有利于产生集群行为的环境。

（3）诱发因素，即引发集群行为的导火索。

（4）共同情绪或信念，即人们对自己的处境形成某种共同的情绪或信念。

（5）行动动员，即领头人物出现并鼓励他人采取行动。

（6）社会控制，即社会控制力降低或社会控制失败，以致无法阻止集群行为。

三、社会影响的类型

社会影响的类型主要可以分为社会助长和社会抑制两类。

（一）社会助长

社会助长是指由于他人在场、有共同行动者或存在电子监控设备等，个人工作效率提高的现象。个人通常会在意他人是如何评价自己的，并在他人面前展示自己最好的一面，同时会根据他人的行为、反应来不断优化自己的工作方法，从而提高工作效率和质量。

（二）社会抑制

社会抑制是指由于他人在场、有共同行动者或存在电子监控设备等，个人工作效率降低的现象。当执行集体任务时，由于不必承担所有责任，有的人会降低责任感，减少投入工作的精力和时间，从而降低工作效率；当执行集体任务时，一旦看到有成员不太努力或偷懒，有的人会认为自己的努力与回报不成正比，从而降低工作效率。

任务实施

分析关于社会影响的案例

【任务背景】

案例一：随着越来越多的人加入健身“打卡”挑战中，健身“打卡”逐渐成为一种时尚潮流。小赵也迷上了健身“打卡”。每天早上，他都会按照短视频平台上的教程进行锻炼，并将自己的锻炼过程拍摄下来上传到短视频平台。

案例二：小张一直使用某品牌的护肤品，当看到众多网友说该品牌护肤品含有有害成分，长期使用可能会对皮肤造成不可逆的伤害后，小张立即决定更换护肤品品牌。尽管几天后，该品牌方澄清了此事，但小张依然不再相信该品牌。

案例三：有一天，某家超市宣布限时大减价，所有生鲜产品均有折扣。消息一出，顾客纷纷涌向超市抢购，尤其是在生鲜区，顾客挤成一团，都在抢购蔬菜和水果，甚至有人因为争抢而发生了争执。

【实施要求】

（1）阅读上述案例，并回答以下问题：

① 社会影响的表现有哪些？

② 如果案例中的社会影响的表现是流言，那么该流言属于哪种类型？如果案例中的社会影响的表现是集群行为，那么该集群行为属于哪种类型？

③ 案例中的社会影响属于哪种类型？

（2）整理上述问题的答案。

（3）教师随机挑选几名学生进行课堂分享，并对他们任务实施的成果进行点评。

任务二 熟悉社会影响的方式

任务导入

不同大学生的行为

案例一：在网购时，大学生小凡通常根据商品的销量来选择购买哪款商品。她认为，销量高的商品受到大家的青睐，质量肯定不会太差。

案例二：在一次课堂讨论中，大学生小武表示，在紧急情况下，如发生火灾、地震等情况下，他会跟随其他人选择逃生路径、避难地点等，而不是基于实际情况做出最优选择。

案例三：大学生小钟即将参加一场重要的演讲比赛，他有些紧张和不安。但他不断告诉自己："我为这次比赛做了充分的准备，我的演讲内容很有价值，我肯定能发挥好，并赢得大家的认可。"

案例四：大学生小风刚进入一家公司实习。他觉得工作很难，并总说："这些工作太难了，我肯定做不好，到时候肯定会出问题。"这种想法使他还没开始工作就充满了焦虑和不安，影响了工作的积极性和效率。

思考：

（1）社会影响的方式一般包括哪些？

（2）上述案例中分别体现了哪种社会影响方式？

在实际生活中，社会影响无处不在，无时无刻不在以各种方式影响人们的思想和行为。社会影响的方式多种多样，一般包括从众、依从、顺从和暗示等。

一、从众

（一）从众的定义

从众是指个人在群体压力影响下改变自己的观点、态度或行为方式，以与群体保持一致的行为。日常生活中的从众，通常表现为在临时的特定情境中对占优势的观点、态度或行为的采纳，如入乡随俗、个人在助人情境中跟随大家一起帮助他人等。需要注意的是，个人若对多数人的观点、态度、行为方式等缺乏理性分析，不顾是非曲直地一概服从多数，就是盲目从众，这是不可取的。

什么是从众

（二）从众的类型

从众的类型主要可以分为真从众、权宜从众和不从众三类。

1. 真从众

真从众是指个人不仅在观念上认同群体，在行为上也与群体保持一致。在真从众的情况下，个人与群体保持着一致性，群体成员之间不存在价值观或行为等方面的冲突。

2. 权宜从众

权益从众是指个人在内心怀疑群体，但出于获得归属感和避免孤立等的需要，在行为上与群体保持一致。这种从众是由于无法脱离群体，个人为了维持与群体的和谐关系，只能改变自身的行为，以适应群体。

3. 不从众

不从众有以下两种情况：

（1）表里不一致的假不从众，即个人在观念上与群体一致，在行为上与群体不一致。

（2）表里一致的真不从众，即个人的观念和行为都与群体不一致。

（三）从众行为产生的原因

个人产生从众行为的原因主要有群体压力、参照需要、寻求认同和归属需要等。

1. 群体压力

在群体中，个人会感受到来自群体一致性要求的压力，这种压力会迫使个人调整自己的态度和行为。

2. 参照需要

在生活中，有些人因为缺乏对某些价值观、观点、行为的认知，又害怕自己的判断或行为出现错误，就可能寻求相应的参照物并按照参照物行事。一般而言，群体的观点、行为是人们最常用的参照物。

3. 寻求认同

在群体中，个人为了快速融入群体，获得群体的接纳与认同，通常会在态度、行为等方面向群体靠拢。

4. 归属需要

个人往往具有强烈的归属需求。个人一般会通过遵守群体规范、接受群体价值观、认可群体行为方式等来增强自己与群体的联系，以从群体中获得归属感。

从众的小刘

大学毕业后，小刘进入了一家公司工作。小刘的很多同事都是运动爱好者，他们不仅经常去健身房健身，还经常一起去登山（见图 8-1）、攀岩等。小刘的主管是一名跑步爱好者，每年都去全国各地参加马拉松比赛，并不断刷新着个人的最好成绩。小刘本不是一个爱运动的人，但为了融入集体，获得认同感，也加入了由公司同事组建的跑步队伍。

图 8-1　登山

起初，小刘只能慢跑十几分钟。后来，在同事的影响和鼓励下，小刘慢慢体会到跑步的乐趣，坚持每个周末都和同事们一起跑步。在当地举办马拉松比赛时，小刘也跟着同事一起报了名。

二、依从

（一）依从的定义

依从是指个人接受他人请求并满足他人需要的行为。在生活中，请求者与依从者没有规定的社会角色关系的约束，面对请求者的请求，依从者会在自己思考、判断的基础上去满足请求者。

（二）依从行为产生的原因

个人产生依从行为的原因主要有请求的合理性、互惠心理、个人情感和个人情绪等。

1．请求的合理性

当请求者的请求合情合理，目的正当且符合依从者个人或社会的利益时，依从者往往会认为拒绝这样的请求会显得不合适或不近人情，因此更倾向于满足这一请求。

2．互惠心理

依从者获得请求者的礼物或帮助后，一般会产生互惠心理。当请求者提出请求时，依从者往往会满足请求者的请求，产生依从行为，以回报请求者。

3．个人情感

当请求者是依从者熟悉、喜欢的对象时，依从者会更加积极地考虑并满足对方的请求，从而产生依从行为。

4．个人情绪

依从者的情绪会影响其对外在请求的反应。当处于积极的情绪状态（如快乐、满足）时，依从者可能更乐意接受并满足请求者的请求。

（三）促进依从的策略

为了促进依从者产生依从行为，请求者可以采取以下策略。

1．运用登门槛效应

登门槛效应是指先向依从者提出其可能接受的较小请求，在其满足请求后，向其提出较大请求，其为了保持自我形象的一致性，可能愿意接受较大请求的现象。例如，在销售商品（见图 8-2）时，销售人员为了销售某一高价商品，可能先向客户推荐一款价格适中的商品，待客户接受后，再推荐此款高价商品，此时，客户可能更容易接受该商品。

图 8-2　销售商品

2．运用留面子效应

留面子效应是指先提出一个较大的请求，在依从者拒绝后，再提出一个较小的请求的现象。依从者为了缓解由先前拒绝带来的不适感和内疚感，更可能接受请求者随后提出的较小请求，以此作为补偿。

3．采用低球技术

低球技术是指先向依从者提出一个较小请求，在其满足请求后立刻提出附加条件（即更大请求）的技术。在满足较小请求后，依从者已经做好了一种依从的心理准备，请求者这时提出较大的请求，依从者会更容易接受。

例如，小田的领导询问他是否愿意在周末代表部门参加一场分享会，只需要分享一下工作心得就能获得 1 000 元的奖金。等小田答应后，领导告知说这次培训为期两天，一共要参加四场。由于小田已经接受了最初的邀请并期待获得奖金，因此他尽管有些不情愿，还是选择了继续参加。

知识窗

登门槛效应与低球技术的区别

登门槛效应和低球技术的区别主要体现在以下两个方面：

（1）时间间隔的差异性。在运用登门槛效应时，请求者提出的两个请求的中间有时间间隔；在采用低球技术时，请求者提出的两个请求是紧接在一起的，没有较长的时间间隔。

（2）请求性质的关联性。在运用登门槛效应时，请求者提出的两个请求之间没有直接联系；在采用低球技术时，请求者提出的两个请求是存在直接联系的。

4．运用过度理由效应

过度理由效应指出，附加更有吸引力的外在奖励（如金钱）或理由取代依从者原有的内在动机（如兴趣），使依从者的行为由内部控制转向外部控制后，一旦撤销外在奖励或取消外在理由，依从者原本的行为便不再维持。

例如，领导看到员工小刚常常在朋友圈分享自己的读书笔记，便邀请他在企业的微信公众号上分享读书笔记，并给予奖金。小刚因此阅读更多的书籍，以便在企业公众号上分享更多的读书笔记。后来企业改革，小刚在企业公众号中发布读书笔记无法获得奖金，他便再也不写读书笔记了。

三、顺从

顺从是指个人接受他人支配，听从他人指挥的行为。顺从是个人缺乏自信心和自尊心的一种表现，是个人自愿的行为，并不伴随明显的强制性和潜在的惩罚。

顺从行为产生的原因主要有以下两个：

（1）当对他人具有较强的依赖感时，个人可能会因为担心失去这种依赖关系而选择顺从他人，以确保自己能够继续获得他人提供的支持。

（2）当他人的请求合理、明确并伴随着奖励（如认可、赞美或实际利益）时，个人更有可能产生顺从行为。相反，若请求不合理、模糊或带有威胁性的惩罚，则其可能引发个人的反感，降低个人顺从的意愿。

你在哪些情况下会顺从他人？在哪些情况下会坚持自己的立场？

四、暗示

（一）暗示的定义

暗示是指通过交往中的语言、手势、表情、行动等，使人不自觉地接受某种观点、观念、态度或行为的影响，并在心理或行为上发生相应变化的过程。

（二）暗示的类型

1．按刺激来源划分

按刺激来源划分，暗示可分为他人暗示和自我暗示。他人暗示是指暗示者是他人或群体，自我暗示是指暗示者和受暗示者为同一个人。

2．按方式划分

按方式划分，暗示可分为直接暗示和间接暗示。直接暗示是指暗示者直接发出信息（如直接说出相应的话），从而影响受暗示者的心理和行为；间接暗示是指暗示者委婉地传达信息，从而影响受暗示者的心理和行为。

3．按受暗示者状态划分

按受暗示者状态划分，暗示可分为清醒暗示、自然睡眠暗示、催眠暗示和催眠后暗示。

清醒暗示是指在受暗示者处于头脑清醒的状态下，对其进行暗示。街边广告、演讲（见图 8-3）等对他人的影响都属于清醒暗示。

自然睡眠暗示是指在受暗示者处于自然睡眠（见图 8-4）状态下，对其进行暗示。这种暗示通常是通过在受暗示者睡前给予其一定的信息，让这些信息进入其潜意识，从而对其心理和行为产生影响。

图 8-3　演讲

图 8-4　自然睡眠

催眠暗示是指通过特定的诱导方法（如语言引导），使受暗示者进入一种高度专注、易受暗示的状态，从而对其进行暗示。在催眠状态下，受暗示者的注意力高度集中，其能更加迅速、准确地接受暗示者的信息。

催眠后暗示是指在催眠过程中，暗示者给予受暗示者一定的信息，使受暗示者在意识恢复清醒后，对此信息产生反应。

（三）暗示的影响因素

暗示的影响因素主要有暗示者的特点、受暗示者的特点、客观环境和暗示的强度等。

1．暗示者的特点

暗示者的社会地位、威信等会直接影响暗示的效果。社会地位、威信高的暗示者通常具有更高的可信度，受暗示者更倾向于信任此类暗示者，接受其暗示。

2．受暗示者的特点

受暗示者的情感、认知、信念、个人特质（如性别、年龄、性格）等都会对暗示产生影响。例如，认知不足、信念不够坚定的人一般难以准确判断事物，更容易接受他人的暗示。

3．客观环境

在混乱或陌生的环境中，人们容易感到不安和迷茫。为了寻求心理上的支持，人们往往会依赖外界的信息，接受他人的暗示。

4．暗示的强度

反复且持久的暗示能够加深信息在受暗示者心中的印象，从而增加受暗示者接受信息并将其转化为实际行动的可能性。

新学期，“心”期待

新学期开始，某学校开展了“新学期‘心’适应”心理健康主题班会。

本次主题班会分为“假期回忆”“温暖瞬间”“确立目标”和“魔法锦囊”四个环节。在“假期回忆”环节，教师通过让学生以分享关键词的形式，讲述自己在寒假中的趣事。在“温暖瞬间”环节，教师通过播放视频片段，让学生领悟热爱自然、善待他人、珍惜生命的重要性。在“确立目标”环节，教师让学生写下对新学期的期望，并大声宣读，让他们在学习目标的达成、生活习惯的培养、心理状态的调整等方面给予自己积极的暗示，为新学期的学习和生活注入能量。在“魔法锦囊”环节，教师对学生提出了新的要求和期望。

这次主题班会的开展，进一步加强了学生的心理健康教育，增强了学生的心理抗压能力，提高了学生的心理健康水平，使学生能够在积极的暗示下努力学习、健康成长。

任务实施

分享关于社会影响方式的案例

【任务背景】

从众、依从、顺从、暗示是社会影响的主要方式，影响着每一个群体成员的行为方式、思维模式乃至价值观。在生活中，你是否在群体中有过从众、依从行为？你如何看待顺从行为？你是否受到过他人的暗示？

【实施要求】

（1）学生自由分组，每组5～6人，并选出一名小组长。

（2）各小组的成员轮流分享自己关于社会影响的案例。每名成员在分享时，应说明社会影响的方式。如果影响方式是从众，应说明从众的类型和从众行为产生的原因；如果是依从，应说明依从行为产生的原因；如果是顺从，应说明顺从行为产生的原因；如果是暗示，应说明暗示的类型和影响因素。

（3）各小组汇总和整理成员分享的案例，并将其制作成PPT。

（4）小组长进行课堂分享，教师进行点评。

学习成果自测

1．填空题

（1）社会影响对个人的作用是多方面的，具有复杂性和多样性，其表现主要有时尚、____________和____________。

（2）社会影响的类型主要可以分为____________和____________两类。

（3）社会影响的方式多种多样，一般包括从众、____________、____________和____________。

2．选择题

（1）下列选项中，（　　）不属于时尚的特点。

A．新奇性　　　　B．周期性

C．独特性与普遍性　　　　D．盲目性

（2）（　　）反映了传播者在特定社会时期的紧张或恐惧心理。

A．愿望型流言　　　　B．敌意型流言

C．恐怖型流言　　　　D．友好型流言

（3）（　　）通常是人们为了获取资源或利益而产生的集体行为。

A．表现性集群行为　　B．逃避性集群行为

C．获取性集群行为　　D．侵略性集群行为

（4）个人产生从众行为的原因不包括（　　）。

A．互惠心理　　B．参照需要

C．群体压力　　D．归属需要

（5）先提出一个较大的请求，在依从者拒绝后，再提出一个较小的请求的现象，属于（　　）。

A．登门槛效应　　B．留面子效应

C．低球技术　　D．过度理由效应

3．简答题

（1）简述社会影响的定义。

（2）简述从众的类型。

（3）简述暗示的类型。

学习成果评价

请进行学习成果评价，并将评价结果填入表 8-1 中。

表 8-1　学习成果评价表

班级：________　　姓名：________　　学号：________

评价项目	评价内容	分值	评分	
			自我评分	教师评分
知识（40%）	社会影响的定义、表现与类型	20		
	从众、依从、顺从与暗示	20		
技能（40%）	能够区分社会助长和社会抑制	20		
	能够熟悉社会影响的方式，避免盲目从众	20		
素养（20%）	积极学习，主动思考、讨论	5		
	具备团队精神，积极与他人合作	5		
	积极传播和践行正向的价值观	5		
	积极接受良好的社会影响，将个人发展与时代发展紧密结合，为促进社会发展贡献自己的力量	5		
合计		100		
自我评价				
教师评价				

项目九
社会心理学的应用

项目引言

学习社会心理学后，个人应能够在生活中应用相关知识解决问题，以促进身心健康、改善人际关系、推动社会发展进步。本项目主要介绍社会心理学在维护心理健康和社区社会工作中的应用。

知识目标

- 熟悉社会心理学在维护心理健康中的应用。
- 熟悉社会心理学在社区社会工作中的应用。

素质目标

- 关注身心健康，学会调节情绪、释放压力。
- 强化敬老助老意识，努力让老年人过上有品质、有尊严的晚年生活。

任务一　熟悉社会心理学在维护心理健康中的应用

任务导入

工作压力导致职场“打工人”易患身心疾病

手指间歇性抽搐疼痛，颈椎酸胀发麻，肩膀酸痛……这些身体不适症状，冯女士几乎每天都要经历。29 岁的冯女士在一家企业工作，她说，在工作第一年的时候，身体就出现了这些小毛病。尽管她不怎么加班，但平时工作强度比较大，再加上需要久坐和长时间操作电脑，她的手指总会疼痛，有时甚至弯曲困难，颈椎和肩膀更是僵硬肿胀。并且，在接到紧急任务时，她往往会紧张焦虑，担心自己无法完成工作，心理压力特别大，晚上难以入睡。

30 岁的栗女士在一家企业从事会计工作，经常因为心理压力大而整晚睡不着，常常躺在床上就想吐，头疼，脖子也疼。有一次，账上有一分钱对不上，栗女士用了整整一周时间找原因，她回忆道：“那段时间，我对账对到干呕。”如今，栗女士仍需要通过服用药物促进睡眠。

（资料来源：陈磊、孙天骄，《工作压力大导致患病率上升 健康型人力资本面临挑战，谁来保障职场“打工人”身心健康》，法制网，2021 年 2 月 1 日）

思考：

（1）产生心理压力的原因有哪些？

（2）缓解心理压力的方法有哪些？

在社会生活中，人们难免会遇到一些问题。有些问题会给人们造成压力并影响人们的情绪，进而影响人们的心理健康。为了维护心理健康，人们可以应用社会心理学的相关知识来缓解心理压力、排解消极情绪和促进社会融入等。

一、缓解心理压力

（一）产生心理压力的原因

在生活中，个人产生心理压力的原因是多种多样的，主要可分为个人因素和环境因素。

心理压力测试量表（PSTR 专业版）

1．个人因素

（1）身体健康程度。当身体健康出现问题（如患焦虑症、抑郁症或其他疾病）时，个人会无法正常生活，从而产生心理压力。

（2）性格特点。自尊心强的人容易缺乏自信，面对挫折时容易产生心理压力。

（3）自我期望。当给自己设定的期望过高，且自己无法达到期望时，个人容易产生失落感和挫败感，从而产生心理压力。

（4）作息习惯被打乱。当自己的作息规律被打乱，自己难以保持正常作息习惯时，个人可能出现难以集中注意力、思维迟钝等问题，在处理日常事务时会感到力不从心，且效率和质量都较低，从而产生心理压力。

（5）人际交往能力。人际交往能力弱的人往往难以与他人建立良好的人际关系，在遭遇挫折时，也难以获得他人支持，容易产生心理压力。

（6）抗压能力。抗压能力强的人，心理承受能力较强，往往能以积极心态面对困难和挫折，且不会因此而产生心理压力；相反，抗压能力弱的人，心理承受能力弱，通常难以以积极心态面对困难和挫折，容易产生心理压力。

2．环境因素

（1）自然灾害。面对地震、洪涝、台风等自然灾害时，个人的人身、财产安全受到威胁，个人会产生担忧和焦虑情绪，从而产生沉重的心理负担。

（2）社会变动。社会变动（如经济衰退、政治动荡、科技革新等）可能会打乱个人原本的生活秩序，破坏个人未来的规划，导致个人对未来感到无助、迷茫和焦虑，从而产生心理压力。

（3）工作压力。工作任务过重、工作环境不稳定等会让个人感到疲惫、焦虑，并产生心理压力。例如，某企业经常裁员，员工的失业风险增加，员工会因担心生计而产生心理压力。

（4）生活压力。债务负担重、生活成本高等都可能让个人陷入经济困境，产生心理压力。同时，照顾子女、赡养老人等需要个人投入大量的时间和精力，可能会使个人无法平衡工作和生活，从而产生心理压力。

（5）家庭矛盾。当家庭成员之间产生矛盾时，紧张的氛围容易让个人产生心理压力。

健康中国行动

2019 年 7 月 9 日，健康中国行动推进委员会印发《健康中国行动（2019—2030 年）》。该文件提出心理健康促进行动，指出心理健康是人在成长和发展过程中，认知合理、情绪稳定、行为适当、人际和谐、适应变化的一种完好状态，是健康的重要组成部分。

心理健康促进行动的目标是争取到 2022 年和 2030 年，居民心理健康素养水平提高到 20%和 30%；失眠现患率、焦虑障碍患病率、抑郁症患病率上升趋势减缓；每 10 万人口精神科执业（助理）医师达到 3.3 名和 4.5 名；抑郁症治疗率在现有基础上提高 30%和 80%；登记在册的精神分裂症治疗率达到 80%和 85%；登记在册的严重精神障碍患者规范管理率达到 80%和 85%；建立精神卫生医疗机构、社区康复机构及社会组织、

家庭相互衔接的精神障碍社区康复服务体系，建立和完善心理健康教育、心理热线服务、心理评估、心理咨询、心理治疗、精神科治疗等衔接合作的心理危机干预和心理援助服务模式。

在个人和家庭方面，该文件提出了以下要求：

（1）提高心理健康意识，追求心身共同健康。

（2）使用科学的方法缓解压力。

（3）重视睡眠健康。

（4）培养科学运动的习惯。

（5）正确认识抑郁、焦虑等常见情绪问题。

（6）出现心理行为问题要及时求助。

（7）精神疾病治疗要遵医嘱。

（8）关怀和理解精神疾病患者，减少歧视。

（9）关注家庭成员心理状况。

（资料来源：《健康中国行动（2019—2030年）》，中国政府网，2019年7月15日）

（二）缓解心理压力的方法

个人产生心理压力的原因有很多，可采用的缓解心理压力的方法也有很多，常用的方法有发泄情绪、转移注意力、放松身体、调节认知和寻求支持等。

1．发泄情绪

当产生心理压力时，个人可以通过向他人倾诉、写日记、适当运动等方式将内心的消极情绪完全发泄出来，从而缓解心理压力。

2．转移注意力

在生活中产生心理压力时，个人不应置之不理或过度关注心理压力，而应有意识地将注意力转移到其他事情上，如听音乐（见图9-1）、看风景、品尝美食、与亲友聚会等，从而缓解心理压力。

图9-1 听音乐

3．放松身体

当产生心理压力时，个人的身体会出现一系列的反应，如肌肉紧张、血压升高等，这些反应是身体在面对潜在威胁时产生的。而放松身体可以有效逆转这些反应，如使肌肉放松、血压下降等，进而缓解心理压力。个人可以通过冥想、泡澡、按摩（见图 9-2）等方式来放松身体。

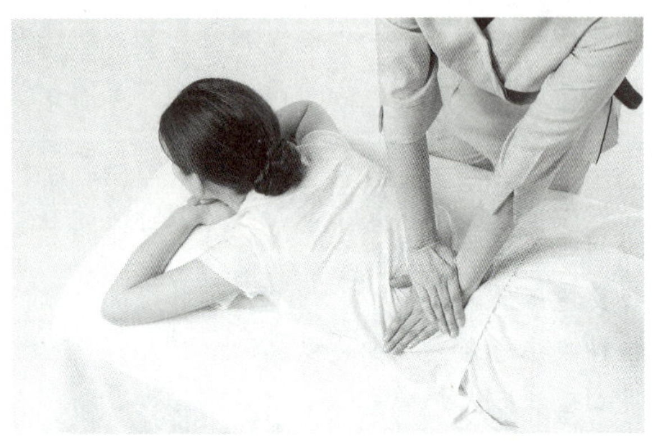

图 9-2　按摩

4．调节认知

在产生心理压力时，个人可以改变原有的思维，主动调节自己的社会认知方式，用更加积极、乐观的态度重新看待问题，从而缓解心理压力。

5．寻求支持

个人在感受到心理压力时，可以寻求父母、朋友、心理咨询师等的帮助，向他们倾诉，获得他们的理解和支持，从而缓解心理压力。

知识窗

心理健康素养十条

第一条：心理健康是健康的重要组成部分，身心健康密切关联、相互影响。

第二条：适量运动有益于情绪健康，可预防、缓解焦虑抑郁。

第三条：出现心理问题积极求助，是负责任、有智慧的表现。

第四条：睡不好，别忽视，可能是身心健康问题。

第五条：抑郁焦虑可有效防治，需及早评估，积极治疗。

第六条：服用精神类药物需遵医嘱，不滥用，不自行减停。

第七条：儿童心理发展有规律，要多了解，多尊重，科学引导。

第八条：预防老年痴呆，要多运动，多用脑，多接触社会。

第九条：要理解和关怀精神心理疾病患者，不歧视，不排斥。

第十条：用科学的方法缓解压力，不逃避，不消极。

二、排解消极情绪

（一）产生消极情绪的原因

在日常生活中，个人可能会因某些事情而产生焦虑、抑郁、悲伤、不安、烦躁、紧张、沮丧、愤怒等消极情绪。例如，个人可能会因身体状况不好而感到压抑，产生抑郁情绪；可能会因工作压力巨大，陷入持续的焦虑情绪之中；可能会因人际关系冲突，感到悲伤或愤怒，情绪波动剧烈。

课堂互动

你曾因为哪些事情产生消极情绪？

（二）排解消极情绪的方法

当产生消极情绪时，个人应积极采用有效的方法来排解消极情绪，以维护心理健康。排解消极情绪的方法主要有自我肯定、向下比较和正视消极情绪等。

1. 自我肯定

（1）认识自己的优点。个人要清楚地认识到自己的优点，不轻易被他人的消极评价所干扰。

同步案例

发现优点，悦纳自己

为提高学生心理健康水平，帮助学生培养积极的心态，某学院于2024年11月18日开展了“发现优点，悦纳自己”心理健康教育活动。

该活动以班级为单位开展，活动内容围绕如何使学生增强自信心，发现生活中潜在的“美”展开。活动中，各班心理委员首先分享了一系列自我鼓励的方法，然后引导同学们重新认识自我、深入了解自我、学会接纳并欣赏自我，最后引导同学们在日常生活中积极运用自我鼓励的方法来调节心态，以更加自信、积极的心态来应对生活中的困难和挑战。

通过此次活动，学生学会了如何发现自己的优点，并通过自我鼓励的方式调节自己的心态，排解消极情绪。

（资料来源：《【体育学院】组织开展“发现优点，悦纳自己”心理健康教育活动》，西华大学心理健康教育中心官网，2024年11月28日）

（2）积极地评价自己。个人可以用肯定的、正面的语言评价自己，避免用否定的、负面

的语言评价自己。例如，个人可以用“我能够应对这个挑战”“我值得被爱”等语言评价自己，从而肯定自己。

（3）记录成功经历。个人可以将自己的成功经历记录下来，通过经常回顾这些经历来肯定自己，并提醒自己有能力取得成功。

2．向下比较

个人可以选择与跟自己情况相似但处于更不利处境的人比较，从比较中发现自己并非处于最糟糕的境地，从而排解消极情绪。

3．正视消极情绪

出现消极情绪时，个人应正视自己当前的情绪，并选择正确的方法（如倾诉、唱歌、运动等）排解消极情绪。例如，发现自己产生愤怒的情绪时，小环坦然接受自己产生愤怒情绪的事实，并分析自己产生愤怒情绪的原因和这种情绪会给自己和他人带来哪些影响，然后从多个方面进行自我安慰，最终平复了情绪。

请运用社会心理学知识，为以下同学提供建议：

（1）为了能够通过大学英语四级考试，小萍认真复习了一个学期。可是临近考试，小萍的心里越来越没底，她总感觉自己准备得还不充分。她越来越焦虑，学习效率明显下降。

（2）小齐的妈妈前不久去世了，他一直沉浸在悲伤的情绪中，无法集中注意力，做什么都提不起劲儿。一个人的时候，他总是会控制不住地哭。

（3）新学期开始后，小强一直真心对待的一位朋友不再跟他玩了，并且因为一些闲言碎语，两人之间产生了隔阂。小强对此感到非常沮丧，不想去学校。

三、促进社会融入

能否很好地融入社会，会对个人的心理健康产生较大影响。一般而言，能很好地融入社会的人，会更开朗、自信，而无法很好地融入社会的人，则会产生自卑感，甚至会产生心理疾病。运用社会心理学的相关知识，可以促进个人融入社会，保持心理健康。从社会心理学的角度出发，促进个人融入社会的方法主要有进行社会化和改善人际关系等。

（一）进行社会化

社会心理学阐明了社会化的定义、特点、主体、过程等，为个人进行社会化提供了科学依据。在家庭、学校、企业等社会环境中，个人可以通过观察、模仿和学习等方式来逐渐熟悉社会规范，更清晰地认识自己所扮演的社会角色，并调整自己的社会态度和行为，从而更好地融入社会。

（二）改善人际关系

社会心理学为个人提供了改善人际关系的理论和方法。在实际生活中，个人可以通过换位思考、积极应对人际冲突等方式来改善人际关系，从而有效地融入社会。

任务实施

了解身边人的心理健康情况

【任务背景】

在生活中，每个人都会因不同的事情而产生心理问题。了解不同人的心理问题，提出有针对性的建议，不仅有利于维护人际关系，还有利于构建更加包容的社会环境，促进社会稳定发展。

【实施要求】

（1）学生自由分组，每组 4～6 人，并选出一名小组长。

（2）各小组选定一名调查对象，如某位学生、某位家长等，通过采访的形式了解其心理健康状况。

（3）在采访过程中，应了解采访对象的心理压力、消极情绪和社会融入情况等，并结合社会心理学的相关知识为采访对象提出缓解心理压力、排解消极情绪和促进社会融入等的方法。

（4）各小组整理采访资料，并将其制作成 PPT。PPT 中可包含相关的图片、音频、视频等。

（5）小组长进行课堂分享，教师进行点评。

任务二　熟悉社会心理学在社区社会工作中的应用

任务导入

社区社会工作暖人心

湖南省永州市东安县聚焦困难群众实际情况，从长沙市引入某社会工作服务中心力量参与社会救助，并将“精、准、严”原则贯穿于救助帮扶全过程，有针对性地采取帮扶措施，让困难群众从一次次具体帮扶中真正感受到党和政府的温暖。

67 岁的唐某是一名残疾人，患有心脑血管疾病，由老伴照顾，他们唯一的儿子也是一名残疾人。社会工作者经过几次入户探访，了解到唐某生活自理能力差，有轻微抑郁症状，而且唐某缺少朋友，社会关系简单，社会支持力量薄弱。

社会工作者为唐某制订了“一对一”的精准帮扶计划。首先，针对唐某家庭无劳动力的情况，帮助其申请了低保；其次，与县残疾人联合会对接，对唐某家进行了无障碍改造；最后，联系经验丰富的专业康复师上门为唐某提供中医推拿、针灸服务。同时，社会工作者多次入户探望慰问，使唐某的心理问题得到明显改善，抑郁症状逐渐消失，自信心逐步增强。

12 岁的小潘患有白血病，父母离异，由爷爷奶奶带大，性格孤僻，也有点自卑。社会工作者在服务中，不断与小潘沟通交流，为他设计了一系列社会融入活动，让他渐渐敞开心扉。此外，小潘住院治疗花费了大量的费用，小潘家庭十分困难，社会工作者为其申请了特殊门诊和大病救助等。

在帮扶中，社会工作服务中心还努力与当地政府、志愿者队伍进行资源链接，拓宽社会化救助渠道，综合施救、分类施保，使单一的“物资救助”向“物资救助+心理救助+情感救助”转变，实现政府救助、社会帮扶、自我发展的良性循环，真正让困难群众体会到了存在感和获得感。

（资料来源：李玉华、唐红艳，《东安：社工助力社会救助，让困难群众更“暖心”》，永州市民政局官网，2022 年 3 月 11 日）

思考：

（1）社会工作者可以应用社会心理学为老年人提供哪些服务？

（2）社会工作者可以应用社会心理学为儿童、青少年提供哪些服务？

社会工作者可以应用社会心理学的相关知识，秉持助人自助的价值理念，结合社会工作专业方法，做好社区服务工作。在社区社会工作中，社会心理学主要应用于以下几个方面。

一、在老年人社区社会工作中的应用

社会工作者可以应用社会心理学为老年人特别是特殊困难老年人（如空巢老人、孤寡老人）提供家庭辅导、精神慰藉、社会支持网络建设、社区参与、老年教育等服务。

（一）家庭辅导

社会工作者可以协助老年人处理与配偶、子女等的关系，为老年人提供婚恋咨询和辅导服务等。

（二）精神慰藉

社会工作者可以从以下方面为老年人提供精神慰藉：

（1）识别老年人的认知和情绪问题，协调专业人士对有需要的老年人进行认知和情绪问题的评估或诊断。

精神慰藉服务的形式

（2）为有需要的老年人提供心理辅导、情绪疏解、认知调节服

务，帮助老年人摆脱抑郁、焦虑、孤独等心理问题。

（3）帮助老年人适应角色转变，认识人生意义，增强他们对生活的信心。

（4）协助老年人获得亲友的理解、尊重和关怀。例如，社会工作者可联系老年人的家人，劝说他们多关心老年人（见图 9-3），从而让老年人感受到家人的关怀。

图 9-3　关心老年人

（三）社会支持网络建设

社会支持网络是指个人能够获得的社会支持（如来自家庭、社会的精神或物质上的帮助）的集合。社会工作者可以从以下方面加强老年人社会支持网络建设：

（1）对老年人的社会支持网络进行评估，包括个人层面可提供支持的人员的人数、类型、距离及所发挥的功能，以及社区资源配置情况。若发现社区某老年人的社会支持不足，则应该采取措施帮助其建立社会支持网络，并满足其生活需要。

（2）综合采取各种策略强化老年人社会支持网络，包括个人增能与自助、家庭照顾者支持、邻里互助、志愿者链接、增强社区权能等。例如，某社区为了强化老年人的社会支持网络，举办了“邻里结对子”活动，鼓励邻里之间建立一对一的互助关系，促进邻里之间的情感交流与互帮互助。

（四）社区参与

社会工作者可以从以下方面促进老年人社区参与：

（1）开展适合老年人的文化、体育、娱乐活动，培养老年人兴趣团体，丰富老年人的社会生活。例如，某社区定期举办“夕阳红艺术节”，组织老年合唱团、老年舞蹈队、老年书法兴趣组等兴趣团体进行表演，既让老年人展示了才艺，又促进了他们之间的交流与互动。

（2）组织老年人积极参与各项志愿服务，培养老年志愿者队伍，发展老年志愿服务团体。例如，某社区组建了“银龄志愿服务队”，组织身体健康、有志愿服务意愿的老年人参与社区环保宣传、秩序管理、儿童辅导等志愿服务，发挥老年人的余热，促进社区和谐。

（五）老年教育

社会工作者可以从以下方面开展和促进老年教育工作：

（1）开展有关传统文化、安全防范、新兴媒介使用等方面的学习培训课程，让老年人老有所学。

（2）鼓励老年人转化、运用和传授学习成果，鼓励老年人与年轻人之间相互学习、增进理解。例如，某社区通过开展亲子工坊活动，鼓励老年人将传统手工艺传授给年轻一代，以实现知识、技能的代际传承，并增进两代人之间的情感联系。

“和谐心灵，幸福银龄”心理健康讲座活动

为关爱老年人心理健康，提高老年人的生活质量，江苏省苏州市相城区北桥街道寺泾社区开展了“和谐心灵，幸福银龄”心理健康讲座活动。社区邀请了专业的心理咨询师，通过丰富多彩的内容和互动形式，为老年人提供了心理支持、情绪疏解及社交互动机会等。

在讲座中，心理咨询师结合大量真实生动的案例，详细解读了老年人的心理特征、常见心理困扰、心理健康标准等，并分享了科学有效的心理调适和保健方法。心理咨询师还特别强调了家庭支持、社交活动、健康生活方式等积极因素在维护老年人心理健康中不可或缺的作用。在活动现场，有老年人表示对心理健康有了更深入的了解，认识到了心理问题对生活质量的影响。

本次讲座为老年人提供了一个宝贵的学习和交流平台，使他们深入了解了心理健康的重要性，学会了如何有效应对各种心理问题。

（资料来源：邹恒逸，《苏州北桥街道寺泾社区开展“和谐心灵 幸福银龄”心理健康讲座活动》，中国网，2024 年 7 月 28 日）

二、在儿童、青少年社区社会工作中的应用

社会工作者可以应用社会心理学为儿童、青少年，特别是留守儿童和其他困难儿童、青少年提供情感关怀、成长支持等服务，具体应用如下。

（一）思想引导

社会工作者可以从以下方面为儿童、青少年提供思想引导服务：

（1）开展理想信念教育，帮助儿童、青少年树立正确的世界观、人生观和价值观。

（2）开展国情政策教育，党史、新中国史、改革开放史、社会主义发展史教育，优秀传统文化、革命文化、社会主义先进文化教育，促进儿童、青少年了解国家的发展历程和现状，形成对国家、社会的正确认知，培养社会责任感和爱国主义情感。

（3）开展社会主义核心价值观教育，促进儿童、青少年培养优秀的道德品质。

（4）帮助儿童、青少年树立正确的家庭观。社会工作者可以在社区中开展家庭教育活

动，邀请儿童、青少年及其家庭成员共同参与，让他们讲述家族故事，分享家训、家规，帮助儿童、青少年培养尊重长辈、关爱家人的观念。

（二）身心健康促进

社会工作者可以从以下方面为儿童、青少年提供身心健康促进服务：

（1）开展儿童、青少年文化体育兴趣爱好的培养、交流活动，促进儿童、青少年更好地融入群体，形成群体认同感、归属感。

（2）引导儿童、青少年珍惜生命、尊重生命，帮助他们掌握保护生命安全的方法。

（3）帮助青少年了解青春期相关生理和心理知识，积极应对心理困惑，增强解决问题的信心和能力。

（4）帮助儿童、青少年认识自我，进行自我肯定。

（5）帮助儿童、青少年形成健康的人格和生活方式。

（三）社会融入与参与支持

社会工作者可以从以下方面为儿童、青少年提供社会融入与参与支持服务：

（1）帮助儿童、青少年提高社交能力。社会工作者可以通过向儿童、青少年传授人际沟通技巧、情绪管理方法等，提高他们的社交能力。

（2）协助儿童、青少年建立良性社会支持系统。社会工作者可以通过组织儿童、青少年社交活动（见图 9-4），拓宽他们的社交圈，帮助他们构建相互支持、共同成长的良性社会支持系统。

图 9-4　青少年社交活动

（3）营造儿童、青少年社会融入的良好环境。

（4）提升青少年参与志愿服务的意识与能力。例如，某社区每月组织一次青少年公益活动，如为孤寡老人送温暖、进行环保宣传等，让青少年亲身体验帮助他人的快乐，并逐渐认识到自己作为社会成员的责任。

三、在其他群体社区社会工作中的应用

（1）社会工作者可以通过开展由社区居民共同参与的“无障碍生活分享会”等活动，并邀请残疾人分享生活经验与挑战，从而增进社区居民对残疾人的理解，促进社区居民尊重残疾人，从而为残疾人构建更加包容和谐的社会环境。

（2）社会工作者可以为家庭暴力受害人提供情绪疏解和社会支持等服务。例如，社会工作者可以联系专业的心理咨询师，对家庭暴力受害人进行一对一的情绪疏解，帮助他们释放消极情绪，增强自我保护意识。

（3）社会工作者可以为遭受突发事件、意外伤害等需要帮助的社区居民提供心理辅导等服务。例如，社会工作者可以为遭受火灾的社区居民提供心理辅导服务，帮助他们排解恐惧、焦虑等消极情绪。

（4）社会工作者可以通过参与社区矫正工作，帮助社区服刑人员排解消极情绪，纠正思想行为偏差，从而促进其融入社区生活；帮助社区服刑人员修复与其家庭成员及其他人员的关系，协助其重建社会支持网络。社区矫正是指专门的国家机关在相关社会团体、民间组织、社区志愿者等的协助下，通过矫正罪犯的犯罪心理和行为恶习，促进其顺利回归社会的非监禁刑罚执行活动。

小贴士

《中华人民共和国社区矫正法》（以下简称《社区矫正法》）第四十条规定：“社区矫正机构可以通过公开择优购买社区矫正社会工作服务或者其他社会服务，为社区矫正对象在教育、心理辅导、职业技能培训、社会关系改善等方面提供必要的帮扶。社区矫正机构也可以通过项目委托社会组织等方式开展上述帮扶活动。国家鼓励有经验和资源的社会组织跨地区开展帮扶交流和示范活动。”

《社区矫正法》第五十二条规定：“社区矫正机构应当根据未成年社区矫正对象的年龄、心理特点、发育需要、成长经历、犯罪原因、家庭监护教育条件等情况，采取针对性的矫正措施。社区矫正机构为未成年社区矫正对象确定矫正小组，应当吸收熟悉未成年人身心特点的人员参加。对未成年人的社区矫正，应当与成年人分别进行。”

任务实施

开展社区送温暖活动

【任务背景】

有些大学生会主动参与社区志愿服务活动，通过定期探访孤寡老人、组织心理知识讲

座、举办青少年公益活动等方式为社区提供服务，或者通过引导退休老年人组建合唱团、舞蹈队、朗诵队等文艺队伍，丰富老年人的精神文化生活，促进邻里之间的情感交流与社区文化的繁荣发展。在参与这些活动的过程中，大学生能将所学知识应用于社会实践，提高实操技能。

【实施要求】

（1）学生自由分组，每组 8～15 人，并选出一名小组长。

（2）各小组以“进社区 送温暖”为主题，选定一个社区，并做好以下工作：

① 与街道办事处或社区居委会联系，确认服务地点、时间和内容。服务内容可以是为老年人提供心理咨询服务、促进社区居民互助、维护青少年心理健康、帮助残疾人建立自信等。

② 根据服务地点、时间和内容等制订服务计划。服务计划应包括明确的服务目的、服务时间、服务流程、预期服务效果等。

③ 根据服务计划，安全、有序地开展活动。

（3）各小组将活动过程整理成 PPT 形式的报告。PPT 中可包含相关的图片、音频、视频等。

（4）小组长进行课堂分享，教师进行点评。

学习成果自测

1. 填空题

（1）个人产生心理压力的原因有很多，可采用的缓解心理压力的方法也有很多，常用的方法有发泄情绪、__________、__________、__________和寻求支持等。

（2）排解消极情绪的方法主要有__________、__________和正视消极情绪等。

（3）社会工作者可以应用社会心理学为老年人特别是特殊困难老年人提供家庭辅导、__________、__________、__________、__________等服务。

2. 选择题

（1）下列选项中，（　　）不属于产生心理压力的原因。

A. 作息规律被打乱　　B. 天气变化

C. 社会变动　　D. 身体健康出问题

（2）下列选项中，（　　）不属于社会心理学在儿童、青少年社区社会工作中的应用。

A. 老年教育　　B. 身心健康促进

C. 思想引导　　D. 交友支持

（3）下列选项中，（　　）不属于社会工作者为儿童、青少年提供的社会融入与参与支持服务。

A．帮助儿童、青少年提高社交能力

B．协助儿童、青少年建立良性社会支持系统

C．帮助儿童、青少年树立正确的家庭观

D．营造儿童、青少年社会融入的良好环境

3．简答题

（1）简述促进社会融入的方法。

（2）社会工作者可以从哪些方面为儿童、青少年提供身心健康促进服务？

学习成果评价

请进行学习成果评价，并将评价结果填入表 9-1 中。

表 9-1　学习成果评价表

班级：________　姓名：________　学号：________

评价项目	评价内容	分值	评分	
			自我评分	教师评分
知识（40%）	社会心理学在维护心理健康中的应用	20		
	社会心理学在社区社会工作中的应用	20		
技能（40%）	能够运用缓解心理压力、排解消极情绪、促进社会融入的方法	20		
	能够在社区社会工作中应用社会心理学，推进社区社会工作高质量发展	20		
素养（20%）	积极学习，主动思考、讨论	5		
	具备团队精神，积极与他人合作	5		
	关注身心健康，学会调节情绪、释放压力	5		
	强化敬老助老意识，努力让老年人过上有品质、有尊严的晚年生活	5		
合计		100		
自我评价				
教师评价				

参考文献

[1] 韦庆文. 社会学概论 [M]. 镇江：江苏大学出版社，2024.
[2] 许新赞，谭泽晶. 社会心理学基础 [M]. 北京：高等教育出版社，2023.
[3] 乐国安. 社会心理学：数字教材版 [M]. 4 版. 北京：中国人民大学出版社，2022.
[4] 成彦. 社会心理学基础 [M]. 北京：北京师范大学出版社，2017.
[5] 倪晓莉，童梅. 社会心理学 [M]. 2 版. 西安：西安交通大学出版社，2022.
[6] 杨宜音，张曙光，赵德雷. 社会心理学 [M]. 3 版. 北京：首都经济贸易大学出版社，2024.
[7] 张晓丽，赵杨，杨林. 社会学 [M]. 北京：航空工业出版社，2015.
[8] 全国 13 所高等院校《社会心理学》编写组. 社会心理学 [M]. 5 版. 天津：南开大学出版社，2016.
[9] 章志光. 社会心理学 [M]. 3 版. 北京：人民教育出版社，2015.
[10] 雷开春，王晓楠. 社会心理学新编 [M]. 2 版. 上海：复旦大学出版社，2019.